浙江省"十四五"重点出版物出版规划项目

明州俊杰

丛书主编　徐善衍
执行主编　司马一民
编　　著　郑莉娜

浙江教育出版社·杭州

编 委 会

丛书主编 徐善衍

执行主编 司马一民

编　　委 王伟江　王　旭　王　滢　叶鸿安

　　　　　　孙　立　吴华阳　何　华　张　悦

　　　　　　顾乐波　倪利红　黄欣瑶　龚　剑

　　　　　　潘卓盈

序

走进青葱岁月　启航科学之旅

院士，是我国自然科学和人文社会科学学科的顶尖人才和杰出代表，他们的每一项创新、每一次发现、每一次突破，都推动了我国科技事业的蓬勃发展，他们的璀璨成就令世人瞩目。他们矢志科研、报效祖国，凭借深厚的学术造诣和无私的奉献精神，为中华民族伟大复兴作出了卓越贡献，为构建人类命运共同体贡献中国智慧、中国力量。

中国第一台每秒亿次运算速度的巨型并行计算机系统的诞生、东方红一号人造卫星的成功发射、亚洲特色古新世哺乳类动物化石的重大发现……信息技术的革新、生态环境的改善、医疗技术的进步、农业生产率的提升等，无一不深深影响着我们的衣食住行、健康福祉乃至思维方式，成为推动社会进步的内生动力源泉，不断引领人类社会向前迈进。在这些举世瞩目的成就背后，无不留下院士们不懈探索、勇攀科学高峰的坚定身影，他们在人类认知的前沿艰辛探索，深入探究自然与社会的本质和规律。

之江院士成长之路   明州俊杰

从青涩少年成长为科学巨匠，一路走来，并不容易，他们遇到过常人难以想象的困难和挫折，也经历过看不清前路的迷茫和彷徨，但他们凭借着开拓者的无畏勇气、探路者的胆识气魄、奋进者的昂扬姿态，克服艰辛，不懈探索，勇攀科学高峰。追溯院士们的成长之路，了解他们一路走来遇到的难题与困惑，领悟其不畏艰难、勇攀高峰的精神，更能够激发我们内心的力量，引领我们在追求真理、实现理想的道路上披荆斩棘、勇往直前。

这些科学巨匠经历了怎样的人生故事，又是如何坚守各自的初心与使命？浙江教育出版社推出《之江院士成长之路》，讲述了百位院士的成长奋斗故事，让学生阅读故事，体悟院士初心。

之江，浙江的别称，因钱塘江蜿蜒曲折如"之"字而得名。浙江山川秀美、人文荟萃，特有的地理环境造就浙江人民自强不息、厚德崇文的气质品格。"浙"里走出多位院士，"浙"里为这些院士的成长提供了丰富的养分，滋养了他们的学术根基，培育了他们求知探索的科学家精神和为祖国谋发展的爱国情怀。之江院士成长于浙江，扎根于浙江，对这片土地怀有深厚的感情，他们"饮水思源"，不忘故乡，反哺故乡，《之江院士成长之路》正是向学生们传达院士这份爱故乡、爱祖国的情怀。

序

我们正处在新一轮科技革命和转变发展方式的历史交汇期，各领域的科技蓬勃发展，新兴技术层出不穷，我们的生活方式因此产生了巨大变化；随着大数据和人工智能时代的来临，人们的思维方式正面临巨大变革。在这重要的历史节点上，以《之江院士成长之路》为桥梁，青少年可以跨越时空与院士进行深入的对话，通过院士的成长故事，学习他们如何做人做事，感受以爱国主义为底色的科学家精神，获取解开成长道路上困惑和迷茫的钥匙，守正创新，启航未来，奋力追逐自己的人生理想。

少年强则国强。我们希望，通过这套丛书，能够提高学生的科学素质，培育具备科学家潜质、愿意献身科学研究事业的青少年群体，为国家培养堪当时代重任的社会主义建设者和接班人，为加快建设教育强国、科技强国、人才强国贡献力量，为全面建设社会主义现代化国家夯实基础。

是为序。

中国科协—清华大学科技传播与普及研究中心理事长　徐善衍

写在前面

宁波，古称"明州"，简称"甬"。这里人文荟萃、书藏古今、港通天下，素有"文献之邦"的美誉。

赓续千年文脉，绽放四明华彩。近代以来，宁波不断涌现出中国科学院院士和中国工程院院士，甬籍院士数量在全国名列前茅，宁波成为著名的"院士之乡"。

群星璀璨，闪耀长空。贝时璋院士是中国细胞学、胚胎学的开拓者之一，是中国生物物理学的奠基人；童第周院士是中国实验胚胎学的主要创始人，开创了中国克隆技术之先河，是中国海洋科学研究的奠基人之一；翁文波院士是石油地球物理勘探、石油测井、石油地球化学事业的创始人之一，是大庆油田的主要发现者之一……一大批甬籍院士，践行科学救国、科学报国、科教兴国、科技强国理念，建立了卓越功勋，树立起一座座科技创新的丰碑。

"繁霜尽是心头血，洒向千峰秋叶丹。"今天我们通过这本书，重温这些明州俊杰的风采，他们始终将自身前途和祖国命运紧密联系在一起，凭借精湛的学术造诣、宽广的科学视野，前赴后继，接续奋斗，为祖国和人民作出了彪炳史册的重大贡献。

在中国式现代化的新征程上，我们更当从杰出科学家身上汲取力量，矢志创新、攻坚克难、开拓进取，向着第二个百年奋斗目标、中华民族伟大复兴的中国梦奋勇前进！

（注：本书中的院士排名不分先后，按姓氏笔画排序）

目　录

贝时璋　"细胞重建学说"的创立者 ·············1

一个真正的科学家，首先要热爱科学，不是为名为利，而是求知求真，为国家作贡献。

毛用泽　核辐射防护剂量学奠基者 ·············9

看准了符合潮流的技术路线方向，就要早起步，持之以恒，不断攀登高峰，就有可能达到目的，不落人后，进入国际先进行列。

石钟慈　中国计算数学的开拓者 ·············17

研究人员一定要上课，一定要带学生，这样才能使研究人员的思想更活跃。完全不上课、没有学生的研究院所的体系是有缺陷的，不利于研究。

朱祖祥　土壤化学理论的开创者 ·············25

为人师表，求真求善求美，贵在奉献；教书育人，是德是智是体，严于律己。

任美锷　与地理相知相守的地貌学家 ·············33

天下无难事，只怕有心人。只要我们勤于学习，并且善于学习，很多事都可以从不懂到懂，并且还有所创见。

纪育沣　著名有机化学家 ·············41

同心同德聚中央，协作交流团结长。各派争名创四化，集中统一永光芒。名人著作启先进，知识增多冀发扬。癌症是生命大敌，决心研究国增光。

李庆逵 中国土壤学和农业化学的奠基人 ················· 49

如果还有一次生命，我仍然愿意从事科学研究，科学的世界太美了。

李志坚 一"芯"报国的微电子学专家 ················· 57

个人的渺小和宏大，看似矛盾却又协调。这两者结合在一起，将成为奔腾向前的历史长河中的一朵浪花。

沈自尹 坚持中西医结合研究和临床应用的"第一人" ········· 65

在当前讲求经济效益的环境下，特别需要勤勤恳恳、耐得住寂寞、愿意献身中医药科研的人才。只有这样的人才，才能将中医基础理论研究不断拓展并引向深入。

陈　纯 软件强国梦的践行者 ················· 73

最好的研究动力就是找到感兴趣的方向，兴趣所带来的持续动力能够抵御不确定性带来的挫败，让人更专注于磨炼专业技能、锻炼创新方法，在自我挑战中探寻科学的真谛。

陈中伟 "世界断肢再植之父" ················· 81

记住，我们怎么说，世界就认为应该这么说，因为我们走在世界的最前面！

陈剑平 当院士，就是要做"头马" ················· 89

一个探索者应始终走在前面，即便脚下的路充满艰难和孤独，但回过头来看身后的万家灯火，他会明白一切都值得。

目　录

陈联寿　　台风预报和科学研究 ·················· 101

　　大气中的风暴，突发狂风暴雨怒潮，是人类的杀手，弄清其规律是我一生的梦想。

陈敬熊　　电磁场理论与天线技术专家 ·················· 117

　　我们要始终听党话、跟党走，建设科技强国，要靠一代代科技工作者接续奋斗。

陈肇元　　延长土建结构工程使用寿命的先行者 ·················· 127

　　对我们搞科研的人来说，还要有适当的超前意识，能够适当地超前看到社会和国家的需要。

周光耀　　纯碱工程技术大师 ·················· 135

　　对的要坚持，错的要承认并纠正。科学的东西来不得半点虚假，一切错误和虚假的东西迟早会在实践中遭到唾弃。

胡思得　　以核卫国、以身许国的核武器工程学家 ·················· 143

　　中国核试验只做了 45 次，而苏联做了 700 多次，美国做了 1000 多次，中国的科学家很聪明，不比别人笨，别人有什么核武器，只要有需要，中国的科学家就能搞出来。

贺贤土　　世界聚变能源领域最高奖的获得者 ·················· 153

　　一个人无论水平多高，总会有所疏忽和失误，兼听则明，才会使自己能力更强，使周围人更加受益。

徐祖耀　饮誉中外的材料科学家 ·················161

　　科学研究不是为了金钱，不是为了名利，而是作为一个科学工作者的责任——推动国家和全人类的进步。

翁文波　当代预测科学的宗师 ·····················169

　　爱读书是最低层次的追求，学习他人的知识则进了一步，善求知者的层次最高。求知是人生的一个主要目的。

童志鹏　中国综合电子信息系统的带头人 ·········177

　　我们一定要用双手、用科学建设新的中国，再也不允许任何人侵略她，再也不允许任何人欺凌我们。

童第周　"中国克隆之父" ························187

　　周兮周兮，年逾古稀。残躯幸存，脑力尚济；能作科研，能挥文笔。虽少佳品，偶有奇意；虽非上驷，堪充下骥。愿效老牛，为国捐躯！

鲍文奎　中国植物多倍体遗传育种的创始人 ·······197

　　祖国是一个人的根，中国的老百姓太不容易了，我们要为他们能吃饱肚子做些事。

戴传曾　中国核电安全体系研究的开拓者 ·········205

　　我觉得自己通过辛勤劳动和艰苦努力，用科学服务于祖国、人民和人类是很有意义的。为国家多作贡献，是我的愿望。

后　记 ···213

贝时璋

"细胞重建学说"的创立者

一个真正的科学家,首先要热爱科学,不是为名为利,而是求知求真,为国家作贡献。

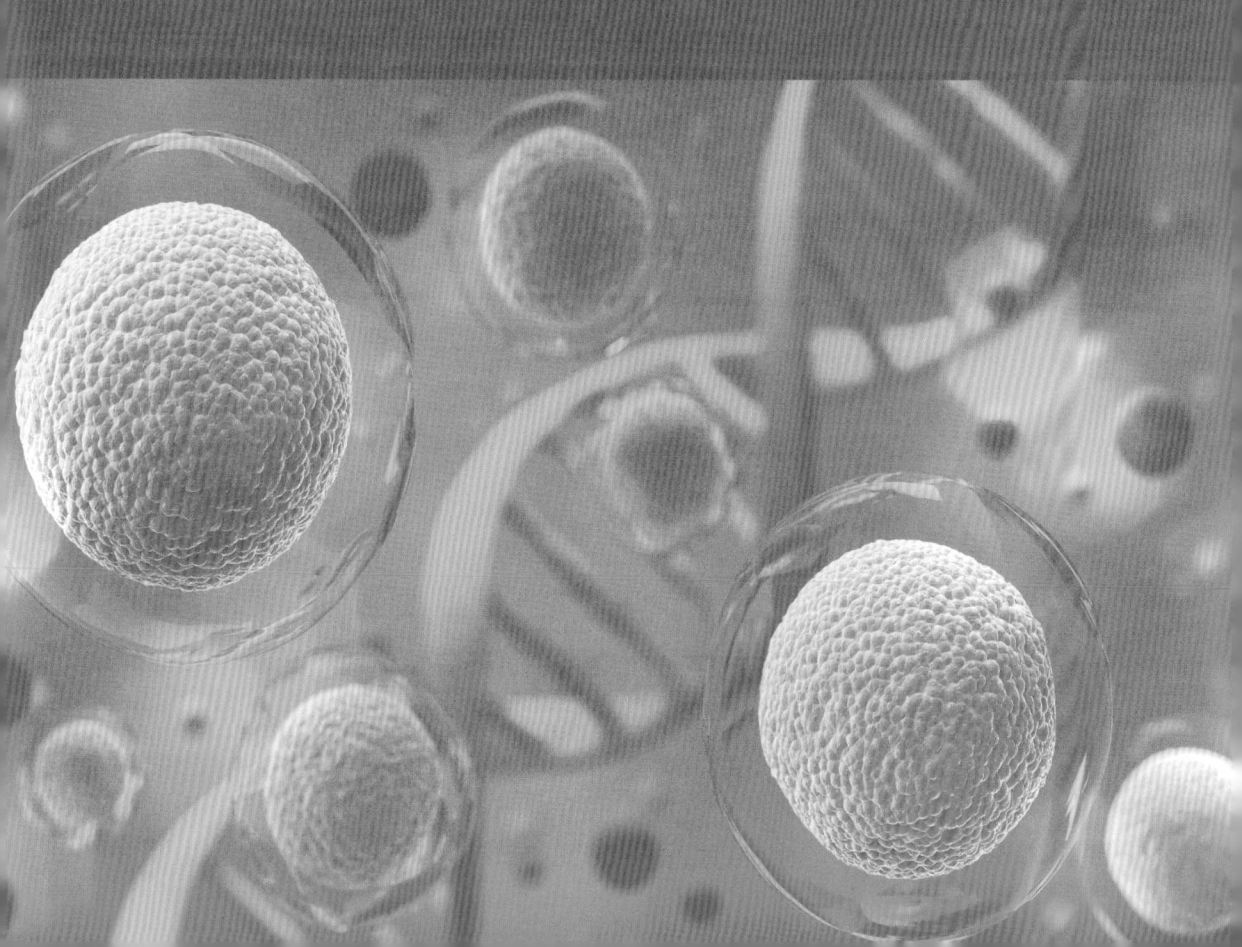

之江院士成长之路　明州俊杰

贝时璋的人生历经好几个时代，跨越整整一个世纪，见证并参与了新中国的发展繁荣。他被称为"一代宗师"，为祖国培养了几代科技人才，和他接触过的人无不深受感动。

求学之路：从浙江小渔村到德国

1903年10月10日，贝时璋出生在浙江省镇海县北乡憩桥村（今属宁波市镇海区）——一个海滨小渔村。

贝时璋的父亲小时候放过牛，当过学徒、店员，靠自己刻苦努力，学会读书、写字和珠算，后来到汉口开了一家小店。再后来，他在德国商人开的乾泰洋行"买办间"当账房。贝时璋的母亲虽不识字，但勤劳节俭，宽容厚道。

贝时璋刚满八岁，母亲就把他送去贝家祠堂里的一所家族学堂上学。临行前，母亲对他说："一个人要有出息，要成大器，必须有文化，你一定要好好读书！"母亲还特意给他租了一套上学穿的礼服，有红缨帽、天青缎外套和黑缎小靴。

两年后，贝时璋转到宝善学堂上学，宝善学堂设在贵驷桥村，是一座较大的学堂。在那里，贝时璋系统地学习了古汉语知识。"夫天地者万物之逆旅也，光阴者百代之过客也。而浮生若梦，为欢几何？"李白的《春夜宴从弟桃花园序》中的几句话，让贝时璋第一次

贝时璋 "细胞重建学说"的创立者

对世间天地万物产生了无限的遐想，就像有一颗埋在他心里的种子正急切地等待着发芽。

1915年，父亲把贝时璋接到汉口，送进一所德国人开办的学校——德华学校。在这里，贝时璋系统地学习了自然科学的基本知识。

1918年，一次偶然的机会，贝时璋买到了一本由德国化学家埃米尔·费舍尔所著的关于蛋白质研究的书。从书中他初步了解了蛋白质对生命的重要性，开始对生命科学产生兴趣。正是这样一本书，让贝时璋的人生轨迹发生了改变。

1919年，贝时璋考入上海同济医工学院（今同济大学）。在同济的几年里，德籍解剖学老师鲍克斯德给贝时璋留下了深刻的印象。这位老师讲课从不带讲稿，每次都是拿着人体模型或人体解剖图给学生们讲解。他讲得非常细致生动，学生们也听得兴趣盎然，对其敬佩不已。鲍克斯德的解剖学课程对贝时璋日后转而从事生物学研究有着重大的影响。

1921年秋，贝时璋弃医从理，赴德国学习自然科学，先后就读于弗莱堡大学、慕尼黑大学和图宾根大学。在那

贝时璋在德国图宾根大学动物研究所前留影

3

之江院士成长之路　明州俊杰

27岁的贝时璋担任浙江大学生物系系主任

里，贝时璋积累了大量的研究经验，也养成了严谨的治学态度。

1929年，贝时璋回国并立志报效祖国。1930年，他创建了浙江大学生物系并任系主任，后兼任理学院院长。当时，浙江大学拨给贝时璋3间教室，他就是在这3间教室里创建了浙江大学生物系。

创系伊始，师资匮乏。即使如此，贝时璋仍先后开设并讲授组织学、胚胎学、比较解剖学、遗传学等课程。教学需要的教具，都由贝时璋亲自动手制作。除讲课外，贝时璋还坚持科学研究，即使在抗日战争期间浙江大学西迁时，生活和工作条件极差，他仍孜孜不倦地进行科学探索，为浙江大学生物系营造了浓厚的学术科研氛围。

对于这段经历，贝时璋的学生杨福愉院士曾回忆说："当时他家里也有不少困难，上有老下有小，但贝老先公后私，4次搬迁，系里损失不大，而他个人的东西却丢失不少。抗战14年，在极其艰难的战时条件下，生物系的教学与科研工作不仅没有停止，而且还取得不少优秀的成绩，与当时同样出色的数学系、物理系和化学系并驾齐驱，英国著名科学家李约瑟更是因此将浙江大学誉为'东方剑桥'。"

在浙江大学的20年里，贝时璋先后担任生物系系主任、理学院院长，培养了众多学生，如朱壬葆、江希明、姚鑫、陈士怡、王祖农、陈启鎏、朱润、徐学峥等，他们共同推进了我国生物科学的发展，影响深远。

贝时璋对浙江大学的感情尤为深厚。1997年浙江大学百年华诞时，他曾题词："求是精神光芒万丈，英才辈出鉴德知来。"

贝时璋逝世后，浙江大学在唁电中写道："他是国家的科学巨擘，为母校赢得了巨大荣誉，他虽逾百岁仍勤耕不辍，为我们树立了光辉的榜样，他的劭德勋业将成为浙江大学宝贵的精神财富，永远为我们所铭记。"

不懈追求："我们要为国家争气！"

1982年，《中国科学》杂志的第9—12期先后登载了关于研究"细胞重建"的5篇论文。论文的作者是当时已经80岁高龄的贝时璋。

时光回溯到1932年，时任浙江大学生物系主任的贝时璋通过观察研究一种名为"南京丰年虫"的甲壳类动物，发现了一种新现象，并由此提出了"细胞重建"的观点：除了细胞分裂，细胞繁殖增生还有另外一条途径——细胞重建。细胞重建是细胞自组织、自装配的过程，是生命世界客观存在的、

正在作报告的贝时璋（左）

贝时璋晚年在家中

与细胞分裂并存的现象。

在此之前，从来没有人说过细胞可以由重建而不由分裂产生。自1871年以来，"细胞分裂为产生细胞的唯一途径"一直被生物学界奉为金科玉律。贝时璋正要进一步深入研究时，抗日战争全面爆发了，研究只得暂停。但在浙江大学迁到江西泰和、广西宜山和贵州湄潭期间，贝时璋仍以顽强的毅力，在艰苦的条件下孜孜不倦地对"细胞重建"开展研究。

1949年，贝时璋离开了浙江大学，来到北京协助筹划中国的生物科学研究布局。1970年，他又重新开展这方面的研究工作。1988年，《细胞重建》论文集第一集出版，"细胞重建"学说取得了进一步的发展。2003年，100岁的贝时璋先生依然精神矍铄、思维敏捷、辛勤耕耘，在科研第一线指导研究工作，还主编了《细胞重建》论文集第二集，历时一年多完成。

就在逝世的前一天，2009年10月28日，贝时璋还召集了6位研究人员，热情地鼓励大家要以为国争光为己任。"我们要为国家争气！"这就是贝时璋留给中国科技界最后的遗言。2009年10月29日，贝时璋在睡梦中走完了成就斐然而又宁静淡泊的一生，享年107岁。

精神闪耀

贝时璋一生淡泊平和，在晚年的照片上，他都留下了那标志性的垂眉浅笑，令人观之可亲。就是这样一位谦谦君子，屡屡力排众议、迎难而上，在极端困难的外界环境中，为中国的生物物理学开辟出一条光荣的道路。他本可以在熟悉的实验室里，琢磨自己最擅长的科研工作，但对国家和人民的使命感，促使他选择了一条更加艰辛、更不容易被理解的道路。

贝时璋说，在一生的教学科研生涯中，他深深感到科研的道路是不平坦的，会遇到种种艰险，但在困难面前不能低头，要勇往直前。

贝时璋将促进国家的科学发展作为自己的神圣职责，自觉探究国家的科学发展战略；在参与制定历次国家和中国科学院的科学规划和开拓我国生物学新型学科的发展过程中，发挥着一位战略科学家的作用。在中国生物物理学这张蓝图上，贝时璋不仅谋篇布局，描绘出未来数十年的发展脉络，还悉心培养每一株资质优良的"小苗"，让他们逐渐成长为日后的中流砥柱。

斯人已逝，但在浩瀚的天际，一颗被命名为"贝时璋星"的行星，正散发着不竭的光芒，照亮一代又一代科研人的奋斗之路。

■ 之江院士成长之路　明州俊杰

院士小传

贝时璋（1903—2009），浙江宁波人，著名生物学家，中国科学院学部委员（院士）。

1921年，贝时璋从上海同济医工学院毕业后到德国留学，先后就读于弗莱堡大学、慕尼黑大学和图宾根大学。1928年3月，贝时璋从图宾根大学毕业，并取得自然科学博士学位；1929年秋回国；1930年4月在杭州筹建浙江大学生物系。

贝时璋创立了"细胞重建学说"，为中国生命科学和"载人航天"事业作出了杰出贡献，是中国生物物理学的奠基人，并培养了一批骨干人才。

贝时璋题词

毛用泽

核辐射防护剂量学奠基者

看准了符合潮流的技术路线方向,就要早起步,持之以恒,不断攀登高峰,就有可能达到目的,不落人后,进入国际先进行列。

之江院士成长之路　明州俊杰

1964年10月16日，罗布泊上空升腾的蘑菇云向世界宣告，我国第一颗原子弹爆炸成功。与此同时，毛用泽领导开设的有线遥测站立即投入了紧张的工作，在爆炸后的一分钟内就拿到了测量数据，得出首次核试爆完全成功的结论，为专家们确定核试爆性质提供了重要依据。

祖国需要：奉献国防

1930年，毛用泽出生于浙江省宁波市。高中时，毛用泽对化学比较感兴趣，于是，1949年9月于鄞县私立效实中学（今宁波效实中学）毕业后，他选择了前往上海的交通大学①化学工程系就读。

入学第二年，抗美援朝战争爆发，国家作出关于招收青年学生、青年工人参加各种军事干部学校的决定。渴望戎马生涯的毛用泽，毅然决然结束了仅持续一年的求学生涯，从交通大学肄业，报名参军，并辗转来到四川省江津县（今重庆市江津区），进入中国

毛用泽效实中学入学档案存根

① 交通大学：今上海交通大学、西安交通大学等校的前身，全书后同。

毛用泽　核辐射防护剂量学奠基者

人民解放军化学兵学校（今中国人民解放军陆军防化学院）学习。

回忆起那段时光，毛用泽说，自己刚入伍时也曾因艰苦的军营生活倍感困顿，初创的化学兵学校设施简陋，深山沟里都是土墙泥瓦的农家茅舍，连一间像样的教室都没有。就在他顾虑重重时，学校开展的一系列立志国防、艰苦创业的教育活动，使他端正了思想。他意识到，国防现代化的现状恰如他此刻的处境，不能只想着坐享其成，要通过自身的努力，为组建防化兵队伍贡献一份力量。

1951年9月，组织上为培养防化兵未来教学与科研的高级人才，安排毛用泽到北京大学化学系深造。1952年，由于全国高校院系调整，他又转入清华大学化学系学习。1953年春，毛用泽修完所有课程后从清华大学毕业，就在他结束本科学业回到单位不久，组织上又决定让他进入中国科学院近代物理研究所改学核物理专业。

在王淦昌、何泽慧、杨承宗、戴传曾、忻贤杰等专家学者的建议和指导下，毛用泽果断弃"化"从"核"，毅然转入核物理学这一崭新的学科领域，师从著名核物理学家赵忠尧教授，如饥似渴地学习专业知识。他说，那段时间他的生活几乎就是寝室、实验室、图书馆、教室四点一线。除听课与做实验外，他还系统地阅读核物理的相关期刊，为日后的研究打下了坚实的理论基础。

毛用泽坚持"祖国的需要就是我的需要"的信念，为此放弃了自己喜爱的专业。从此，他与我军的核监测和防护事业结下了不解之缘，一生都献给了我国的国防事业。

舍生忘死：核爆立功

20世纪60年代，毛用泽受命参加了我国首次核试验的前期准备工作，负责核辐射剂量参数测试与安全防护监测等多项任务。在时间紧、任务重、条件差的情况下，他与大家一起战酷暑、斗严寒，团结协作，克服重重困难，攻克道道技术难关，为首次核试验早期核辐射与放射性沾染两大参数的测量提供了核心技术方案；研制了专用仪器，提出了科学的现场布点方法等；同时，提出了保障核试验场人员辐射安全和辐射剂量监测的总体方案。

1964年10月16日，在新疆罗布泊人迹罕至的戈壁滩，随着巨大的爆轰声，一朵硕大的蘑菇云夹杂着热流升腾而起。与此同时，毛用泽领导开设的有线遥测站立即开始紧张的工作。原子弹引爆后他即刻测得烟云放射性和地面放射性等辐射特征数据，并第一时间传回指挥部，联合其他多种效应参数，验证了这是千真万确的核爆炸而非化学爆炸，科学回答了周恩来总理"怎么证明是核爆炸"之问。由此，中国才得以在当晚向全世界宣布：中国第一颗原子弹爆炸成功！

在这举国同庆的时候，毛用泽和他的同事们又连续奋战十几天，拿到了宝贵的效应数据。他所提出的技术方案和研制的专用设备都通过了检验。由于在组织完成首次核试验监测防护的各项任务中成绩显著，毛用泽荣立个人一等功。

国民经济要大发展，需坚持节能减排和可持续发展方针。我国虽

毛用泽　核辐射防护剂量学奠基者

幅员辽阔、资源总量丰富，但是由于人口众多，核能作为一种可以大规模生产并使用的安全且经济的能源有极大的发展潜力。

由于核辐射的巨大危害，我国提出了"生产未动，防护先行"的方针，从20世纪50年代中期开始，就着手解决核工业的环境保护问题。

2003年，针对浙江省出现的电力紧张这一"瓶颈"现象，毛用泽建议发挥浙江省在核电方面的优势和经验，积极、适度地发展核电，致力于解决长远的能源问题。

在核电的发展过程中，毛用泽带领的"人工放射性核素的环境通道及影响"专业工作组，在国内多次举办学术交流会议，确定了辐射防护和环境监测辐射量等标准，也为进一步发展核电事业奠定了基础。同时，工作组赴海外参加学术研讨会，通过学术交流阐明且证明了我国独立自主、自力更生的核工业和核大国地位。

经过20多年的发展，中国在核电技术的研究开发、工程设计与建设、设备制造、营运管理等方面，具备了相当程度的基础和实力。在经济发达、电力负荷集中的沿海地区，核电将成为电力结构的重要支柱。而在这些成就的背后，是一批又一批像毛用泽这样的科学家一生的投入和奉献。

工作中的毛用泽

■ 之江院士成长之路　明州俊杰

精神闪耀

"干惊天动地事，做隐姓埋名人"，毛用泽毕生都在为我国的国防科技事业奋斗。他曾结合科研实例说："防化装备的现代化，首先应从国情出发确定目标，而装备现代化是建立在科学技术现代化基础之上的。看准了符合潮流的技术路线方向，就要早起步，持之以恒，不断攀登高峰，就有可能达到目的，不落人后，进入国际先进行列。"

回顾毛用泽这一生，他倾尽数载光阴来啃核监测和防护这块"硬骨头"，探索先人未涉足的荒原，给后人留下丰富的智慧成果和坚固的国防技术堡垒。有些人虽已不在，但会一直活在人们心中，永不消逝。

2004年，毛用泽参加《国家核应急工作"十一五"规划纲要》讨论会

毛用泽　核辐射防护剂量学奠基者

院士小传

毛用泽（1930—2022），浙江宁波人，核技术应用专家，中国工程院院士。

1949—1953年，毛用泽先后就读于交通大学（上海）、北京大学、清华大学等高校；1954年12月，于中国科学院近代物理研究所核物理专业结业；先后在防化兵科学技术研究院、防化研究所、防化研究院工作。

毛用泽长期从事核监测装备技术和反核与辐射恐怖装备技术研究，是我国核试验早期核辐射与放射性沾染效应参数测量技术和辐射防护计量学的奠基者、开拓者和组织领导者，是现场辐射防护监测及高空放射性烟云取样技术的创建人之一。毛用泽创建并发展了核监测专业的核爆辐射防护计量学、核爆探测学、核监测装备谱系，为中国核监测事业的发展和人才培养作出了重要贡献。

之江院士成长之路　明州俊杰

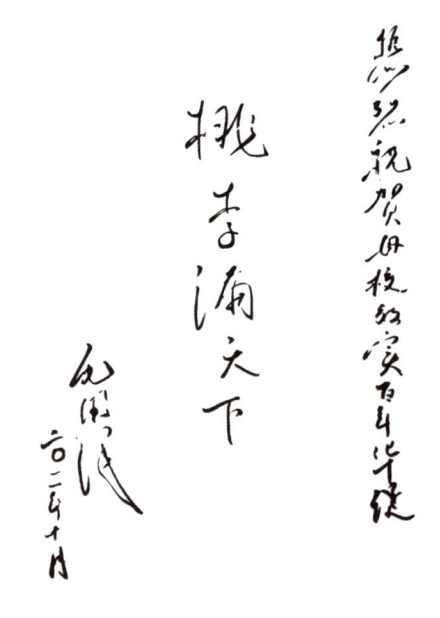

毛用泽为宁波效实中学百年华诞题词

石钟慈

中国计算数学的开拓者

研究人员一定要上课,一定要带学生,这样才能使研究人员的思想更活跃。完全不上课、没有学生的研究院所的体系是有缺陷的,不利于研究。

之江院士成长之路　明州俊杰

1933年，石钟慈出生于浙江省宁波市鄞县（今宁波市鄞州区）姜山乡中石村，家境贫寒。石钟慈从小就非常聪明，父母非常支持他读书。他的童年、少年时期一直生活在宁波，直到18岁考上浙江大学，才离开生他、养他的故乡。此后走南闯北，他从未忘记自己是宁波人，一直引以为豪。他介绍自己时常挂在嘴边的话就是"我的老家是浙江宁波"。

名师启智：数学兴趣萌芽

1948年，聪颖勤奋的石钟慈考上了浙江省立宁波中学（今浙江省宁波中学）。这三年的求学生涯条件很艰苦，师生们一度住在庙里，但即便是在这样的环境下，老师们依然诲人不倦、严谨治学，学生们也始终孜孜不倦、勤奋刻苦。

那时，宁波中学图书馆里有一套《万有文库》。这套书堪称20世纪上半叶最有影响力的大型丛书，共收书1721种、4000册。在战火纷飞的年代，《万有文库》被称赞为"为苦难的中国提供书本，而不是子弹"。这套书深深吸引了石钟慈，对当时他开阔视野、培养多方面兴趣以及增长课外知识，起到了重要作用。

石钟慈高中时的数学老师翁贤滨，是一位能够传授数学魅力的好老师，让当时的石钟慈对数学产生了很大兴趣。

石钟慈　中国计算数学的开拓者

1951年，石钟慈考上浙江大学数学系。但是，要从浙江大学数学系顺利毕业可不容易。当时，数学界有"南浙大、北清华"之说，数学家陈建功、苏步青、徐瑞云都在浙江大学任教。

石钟慈读大学一年级时，徐瑞云开设了微积分课程，她对学生的要求十分严格，规定考到70分才能算及格。这也为石钟慈的数学研究打下了坚实的基础。

1952年，全国高校院系调整，石钟慈来到上海复旦大学读二年级。这里集结了华东地区最好的数学师资力量，陈建功负责教授复变函数、实函数，苏步青讲授几何基础，夏道行教常微分方程，杨振宁的父亲杨武之老先生还给石钟慈讲过高等代数。

1955年，石钟慈有幸在陈建功先生的指导下完成了研究方向为"单叶函数论"的大学毕业论文。这是一篇相当出色的论文，当年的《解放日报》还发表文章称赞了石钟慈这篇论文的创新性，这在当时并不多见。后来，该论文发表在中国数学会主办的《数学进展》上。

华罗庚引领：投身计算数学

1955年秋，石钟慈从复旦大学数学系毕业，被分配到中国科学院数学研究所工作。当时，研究所的所长正是传奇数学家华罗庚先生。这里是许许多多数学学子梦寐以求的地方，石钟慈特别高兴。

1955—1956年，周恩来总理亲自主持制定了我国《1956—1967年科学技术发展远景规划》（简称"《十二年科技规划》"），确定了

之江院士成长之路　明州俊杰

20世纪80年代，华罗庚（左）和石钟慈（右）合影

四项"紧急措施"，即发展计算机、无线电电子学、半导体、自动化。

一天，华罗庚找到石钟慈，对他说："根据国家需要，组织分派你去搞计算数学。"此时，计算数学在中国还是"零"。不仅石钟慈不知道能否有成果，连主持总体学术工作的华罗庚心中也没底，他们只知道计算数学被列入了国家科技发展规划。

石钟慈有些犹豫——他踌躇满志地来到研究所，一心想继续研究函数论，现在却要转变研究方向，而且计算数学这一领域当时在国内还是一片空白。华罗庚似乎看懂了这个年轻人的心思，耐心地跟石钟慈讲解新中国的科学规划以及科学工作者的责任，鼓励他根据国家的需要去学习计算数学。石钟慈坚定地回答："国家的需要，就是我的研究方向。"

从此，石钟慈成为华罗庚身边最早一批搞计算数学的人，开始了他的计算数学人生。

1956年，作为首批学者，石钟慈肩负着国家任务，踏上了异国求学的道路，前往苏联科学院斯捷克洛夫数学研究所攻读计算数学。在苏联，石钟慈主要研究有限元方法，这项研究内容在飞机、火箭、宇宙飞船、建筑、汽车等多个领域都能派上用场。

石钟慈　中国计算数学的开拓者

20世纪60年代，石钟慈刚刚回到祖国，本着实践所学、报效祖国的初心，他加入了相关研究小组，负责大坝的数据研究，其中运用的部分方法就是有限元方法。

石钟慈曾说："国家强大，则科技绝不能落后，个人的未来应该与国家的命运紧密相连。"赴苏联留学后，他将世界最前沿的计算数学知识带回国内，成为中国计算数学事业的开拓者、领路人。

1981年，已经48岁的石钟慈决定去国外深造。在华罗庚、冯康和吴文俊的推荐下，他申请到了德国洪堡基金，师从法兰克福大学的施图默教授，在那里开展了非协调有限元的研究。

石钟慈比同学大十多岁，刚去的时候，他心里一点把握也没有，不仅所接触的完全是新的东西，基础不够，还得从头学习德语。他的心理上、生理上都承受着巨大的压力。然而，德国人一丝不苟、诚实守信的品格，以及他们在科学、哲学、法律、音乐、文化和艺术领域的先进水平给石钟慈留下了深刻的印象。

正在读书的石钟慈

1990年，冯康（左一）、崔俊芝（左二）、石钟慈（右一）三位院士合影

之江院士成长之路　明州俊杰

置之死地而后生。凭借青年时代在浙江大学、复旦大学和苏联留学期间打下的坚实基础，经过大半年的"拼死一搏"，石钟慈终于赢得了导师施图默教授的认可与青睐。

后来，施图默教授还给冯康院士写信，称赞石钟慈是非常突出的优秀科学家。

20世纪80年代，石钟慈凭其坚实的基础数学能力，在计算数学的理论和应用研究中取得多项处于国际领先地位的创造性成果这些研究成果既有深刻的理论意义，又紧密结合实际，对工程计算具有指导意义，促进了有限元方法的重大发展。

1987年，石钟慈获得国家自然科学奖，2000年获得何梁何利基金科学与技术进步奖，2003年获得华罗庚数学奖。1991年，他当选为中国科学院院士。石钟慈把自己的一生奉献给了祖国的科学和教育事业。

石钟慈　中国计算数学的开拓者

精神闪耀

石钟慈课讲得很好，非常受学生欢迎。中国科学技术大学原校长朱清时曾在文章中回忆，称赞石钟慈上的课。

石钟慈认为："研究人员一定要上课，一定要带学生，这样才能使研究人员的思想更活跃。完全不上课、没有学生的研究院所的体系是有缺陷的，不利于研究。""教书不但不影响学术研究，还能够互相促进。年轻人有自己的思维，头脑灵活，能够提出很多问题，对于教书的人和研究的人都有益处。"他的学生现在已遍布天下，许多学生成为了国内外计算数学的学科带头人。

石钟慈的兴趣爱好极其广泛，他常说："数学家不应只懂数学，广博的知识是十分有益和必要的。"他认为搞自然科学，学好文史知识很重要，如果研究仅局限于专业领域，发展就没有后劲，更难以成为大师。

音乐是石钟慈的"第二最爱"，他高考的第一志愿是浙江大学数学系，第二志愿则是中央音乐学院。石钟慈喜欢欧洲古典音乐，莫扎特、柴可夫斯基、肖邦、格里格都是他喜欢的音乐家。"我提倡不论学什么专业，都应该培养对音乐的爱好。"在石钟慈所写的《第三种科学方法》中，除了流畅生动的语言，处处都是用音乐所作的生动比喻："算法犹如乐谱，软件犹如音碟唱片，而硬件如同CD唱机。"

石钟慈就是这样一个人，他的一生奉献于数学，奉献于国家，但同时他也热爱生活，在闲暇中享受自己的平淡生活。

之江院士成长之路　明州俊杰

院士小传

石钟慈（1933—2023），浙江宁波人，计算数学家，中国科学院学部委员（院士）。

石钟慈1951年考入浙江大学数学系，1952年转入复旦大学数学系，1955年毕业后到中国科学院数学研究所工作，1956年赴苏联攻读计算数学，1960年回国后在中国科学院计算技术研究所工作，1981年赴德国深造。石钟慈曾任中国科技大学数学系主任、计算中心主任，中国科学院计算中心主任、科学与工程计算国家重点实验室首位室主任，中国数学会副理事长、计算数学分会理事长等。1991年，石钟慈当选为中国科学院数学物理学部委员（院士）。

石钟慈曾获国家自然科学奖、何梁何利基金科学与技术进步奖、华罗庚数学奖、苏步青应用数学奖等，并曾担任国家攀登计划项目首席科学家。

朱祖祥
土壤化学理论的开创者

为人师表，求真求善求美，贵在奉献；教书育人，是德是智是体，严于律己。

之江院士成长之路 明州俊杰

1947年，时任浙江大学校长的竺可桢曾赴美国密歇根州立大学访问讲学，特意看望了朱祖祥等在该校的中国留学生，希望他们学成后回国工作。朱祖祥毕业前夕，竺可桢还专门给他写信，再一次邀请他回母校任教。

乡野学生立志献身教育

1916年10月5日，朱祖祥出生在浙江省慈溪县（今慈溪市）云山乡，家境殷实。父亲朱清奇是清末秀才，热心公益事业，在乡里颇有威望。

朱祖祥先就读于慈湖高等小学堂（今宁波市慈湖中学）和宁波私立民强中学，后在鄞县私立效实中学（今宁波效实中学）学习5年。在这5年中，他在学习和思维方法上深有所得，以"认真求知，努力效实"为座右铭，在老师们的谆谆教诲和严格要求下，他萌发了一辈子追求科学的意愿，并开始对教育事业有向往之心，为以后深造打下了良好的基础。朱祖祥始终以效实为荣，后来曾多次走访母校，"旧

朱祖祥（左二）与时任宁波效实中学校长的朱敦礼（右二）亲切交谈

朱祖祥　土壤化学理论的开创者

景依稀，往事历历在忆"，还专门为母校的80周年校庆发来贺联，并参加校庆庆典，为"时间碑"落成揭幕。

1934年，朱祖祥考入浙江大学农学院（今浙江大学农业与生物技术学院）。当时，宁波旅沪同乡会中有识之士为筹建宁波的"四明大学"，募集巨资，并设立"四明大学奖学金"，以资助有志于教育事业而又品学兼优的青年，对他们加以培养，将他们作为将来建校的师资储备。朱祖祥因名列浙江大学农学院新生录取榜榜首而被授予该项全额奖学金，每年得360至400银圆。

入学后，他学习刻苦，成绩优异，年年都获得奖学金。抗日战争全面爆发后，浙江大学被迫西迁。朱祖祥同师生们背井离乡，开始了一段艰苦卓绝的"文军长征"。

西迁途中，大量图书、仪器、药品和必要的教具设备也需同时迁走，朱祖祥担负了押运整个农学院的仪器、药品等物品的重任。整整99个大木箱，其间水陆周转，他或高卧于箱顶激流行舟，或屈蹲于箱背以避逆风，先是南下赣州，后又因战争形势变化而北上，绕道湖南，在广西阳朔中转，历经千辛万苦，最后安全迁至贵州。这些"抢救"出来的设备、仪器和药品为农学院开展教学科研工作提供了保障。

1938年，朱祖祥以优异的成绩完成本科学业，并得到了宝贵的留校任助教的机会。作为农学院农业化学系里仅有的两名青年助教之一，他全身心地投入建设实验室、开辟试验地、收集文献资料、配合教授备课等工作。在实验室、仪器周转不开时，他就利用晚上或假日

之江院士成长之路　明州俊杰

的时间为同学安排实验，热心执教，恪尽职守。在战火纷飞的年代，朱祖祥协助系里的教授们，让一个充满活力的浙江大学农业化学系活跃在贵州湄潭，他也坚定了献身教育的志向。

1945年，朱祖祥通过中国农学会的选拔和教育部组织的考试，获得美国密歇根州立大学奖学金，赴美深造。他主修土壤化学，辅修先为植物生理学，后转为表面化学。留学期间，朱祖祥从未享受过寒暑假，并选修尽可能多的课程，还利用一切机会在试验场的农业化学室做分析工作。他仅用三年时间就完成了两篇学位论文，获硕士和博士学位。

1947年，朱祖祥接受了时任浙江大学校长的竺可桢的再三邀请，回母校任教。其实当时国内早已有几家高等学府和科研单位以更为优厚的条件向朱祖祥抛去橄榄枝，但他依然决定回归母校。浙江大学原拟按资历聘任朱祖祥为副教授，后相关领导援引了密歇根大学的推荐函，经改议聘他为教授。1948年，朱祖祥成为当时浙江大学农学院最年轻的教授。

朱祖祥一家三口的合影

朱祖祥　土壤化学理论的开创者

高瞻远瞩助力学科发展

中华人民共和国成立后，33岁的朱祖祥被任命为浙江大学农业化学系主任。他决心以过去西迁建系的热情扎根祖国、潜心科研报国，他竭尽全力，充实教师队伍、广开专业，为农业化学系的建设与发展花费了大量的时间和精力。

1952年，我国高校院系调整后，他又致力于浙江农业大学（前身为浙江农学院，后并入浙江大学）的发展壮大，历任浙江农业大学教授、土壤农化系主任、副校长、校长、名誉校长，为浙江农业大学的改革和发展作出了重大贡献。20世纪60年代初，他就开始指导、培养研究生，是我国最早培养土壤化学和土壤物理学方向研究生的导师。

虽肩负行政事务和授课的双重任务，朱祖祥还是先后编写出中国最早的《土壤学》《土壤化学》和《土壤物理学》教材，其中《土壤学》教材被高校广泛采用，1988年该教材获全国高等学校优秀教材一等奖。除教材建设之外，浙江农业大学的土壤化学实验室、土壤物理实验室、恒温室以及土壤标本陈列馆等，都是朱祖祥亲自参与、领导建成的。他和其他教师一起，收集了全国各主要土类的整段标本，还结合土壤普查工作收集了上千个土壤样本。在土壤标本陈列馆的建立过程中，从标本征集、陈列柜饰、房舍修建，乃至经费申请等，朱祖祥都事无巨细，无不躬亲。

之江院士成长之路　明州俊杰

朱祖祥既是我国著名的土壤学家和农业教育家，又是杰出的社会活动家。他对于中国水稻研究所的创建和发展有巨大贡献。中国稻米的总产量居世界之冠，水稻种植历史久，分布广，品种资源丰富，杂交稻、矮秆育种等为世界瞩目，但我国长期以来却没有一个全国性的稻作专业研究机构。为组织、协调和发展我国的稻作科学研究，借鉴国际水稻研究所等国际研究机构的成功经验，当时农业部（今中华人民共和国农业农村部）决定建立中国水稻研究所。朱祖祥以他在国内外学术界的威望和人脉，在新所选址、争取世界银行专项长期无息巨额贷款以及与国际水稻研究所（菲律宾）签订长期科技合作协议等方面，都发挥了关键作用。他还担任了中国水稻研究所筹建委员会副主任、中国水稻研究所第一任所长。原农业部部长何康曾说："今天水稻所的发展与成就，第一任所长朱祖祥先生功不可没。"

工作中的朱祖祥

朱祖祥　土壤化学理论的开创者

精神闪耀

"为人师表，求真求善求美，贵在奉献；教书育人，是德是智是体，严于律己。"这是朱祖祥提出的教育理念，也是他数十年为人师表的真实写照。

朱祖祥遵循的准则是事业第一，工作至上。他治学严谨，尽管学识渊博，仍一丝不苟、精心备课。他在教学中特别强调"三基"，即基本概念、基础理论和基础知识，严格要求学生熟练掌握科学实验的基本技能。他敦厚淳朴、平易近人，对年轻一代，无论是学生还是教师，总是满腔热情，循循善诱，务求严谨，从不草率，解答疑难问题准确、完整，查考有据。

朱祖祥于八十岁高龄因公殉职，为国家、为人民奋斗到了最后一刻！他一生桃李满天下，后辈之中人才辈出。他的教育理念、科学思想和知识分子风范，正是今天浙江大学"求是"精神的写照。

■ 之江院士成长之路　明州俊杰

院士小传

朱祖祥（1916—1996），浙江宁波人，土壤学家和农业教育家，中国科学院学部委员（院士）。

朱祖祥1938年毕业于浙江大学农学院，后留校任教；1945年赴美国密歇根州立大学留学，获硕士和博士学位；1948年回国后历任浙江大学农学院教授、农业化学系主任，浙江农业大学教授、土壤农业化学系主任、校长等职；1980年，朱祖祥当选为中国科学院学部委员（院士）。1996年11月18日，朱祖祥在参加中国科学院"为长江三角洲可持续献良策"农业专题考察组赴江浙沪实地考察时，在绍兴突然逝世。

朱祖祥是我国土壤化学的奠基者，他创立的许多理论与技术在我国土壤科学领域里具有里程碑意义，对提高我国农业科技水平、发展农业生产力起到了极其重要的作用。朱祖祥毕生致力于教育事业，在近60年的从教生涯中，为国家培养了大批人才。

任美锷
与地理相知相守的地貌学家

> 天下无难事，只怕有心人。只要我们勤于学习，并且善于学习，很多事都可以从不懂到懂，并且还有所创见。

■ 之江院士成长之路　　明州俊杰

1962年春天，全国科学工作会议在广州举行，周恩来、陈毅、聂荣臻亲自参加会议并作重要报告。会上，一位海军领导恳切地说："中国的海洋科学很落后，国家建设迫切需要它，希望更多的科学家留心于此，一切听从祖国的召唤。"从那以后，一位科学家就正式"下海"了。他就是任美锷。

少年明志

1913年，任美锷出生在浙江省宁波市的一户商人家庭。他的父亲开设席庄，经营宁波特产草席。他鼓励子女发奋求知，弘扬祖业。

任美锷与地理学结缘，是因为他中学时代读过的一本书——张其昀编的《高级中学教科书　本国地理》，该书论述了我国地理环境与人类活动之间的关系，与当时流行的以山川、物产、风俗等为主要内容的地理书籍相比，别具一格，饶有趣味。从此，他开始对地理学产生兴趣。

后来，他阅读了由竺可桢翻译的美国地理学家鲍曼所著的《战后新世界》，马上就被吸引了。书中那些直观的图表，给少年任美锷留下了深刻的印象。原来，地理是和国家的命运紧密相连的，它对国家的决策起着如此重大的作用。从此，任美锷的一生就再也没有离开过地理学。

任美锷　与地理相知相守的地貌学家

任美锷十分聪慧，少年时代便显露出非凡才华，他的数学老师称赞他"读书像喝水般轻松自然"。他在中学时代就学习英、法两门外语，毕业时可以用英文写出非常流畅的文章。

1930年，任美锷考入中央大学①，并在胡焕庸、张其昀等人的支持和鼓励下，与同窗李旭旦合译了法国人文地理学家布吕纳的《人地学原理》，这对中国地理科学的发展起到了积极的推动作用。

1936年，第四届中英"庚子赔款"公费留学招生考试举行，任美锷以总分第一的成绩获得留学资格。在他出国前三个月的集训期间，时任"中央研究院"地质研究所所长的李四光担任他的导师。一天下午，李四光询问任美锷准备进哪所大学，是牛津大学还是剑桥大学。任美锷当时还没拿定主意。李四光见此情景，便主动提出建议和他商量："我看未必要选名牌学校，关键是要有个好导师。你不是准备研究地貌学吗？英国有个很著名的地质学家，叫E.B.贝利，他现在在英国格拉斯哥大学任教，我看你就去他那儿，怎么样？"任美锷回答："那就听您的吧。"

任美锷就这样去了英

英国格拉斯哥大学

---

①中央大学：今南京大学等校前身，全书后同。

之江院士成长之路　明州俊杰

国格拉斯哥大学地理系深造地貌学，师从贝利教授，兼修地质学。三年后，他凭借题为《英国克莱德河流域地貌发育》的学位论文获得博士学位。

治学立书

1939年，26岁的任美锷学成准备回国，时任浙江大学校长的竺可桢便邀请他到浙江大学任教。任美锷接受邀请，任职于浙江大学史地系（今浙江大学历史学院），翌年晋升为教授，后转任复旦大学、中央大学教职，兼任中国地理学会总干事、《地理学报》总编辑。

中华人民共和国成立后，任美锷任南京大学地理系主任，兼任南京地理研究所（今中国科学院南京地理与湖泊研究所）所长，编著《中国自然地理纲要》，致力于地貌学、海洋沉积动力学和喀斯特研究。1954年，南京大学地理系在国内首次设立自然地理学和经济地理学专业，任美锷亲自开设地貌学基本问题和经济地理学概论课程，广征博引，内容新颖，学生深受教益，为国家培养了第一批自然地理学和经济地理学专业的人才。

任美锷从教近60年，治学科学严谨，注重实地考察和调查研究，勇于开拓新的研究领域，培养了一大批高层次地球科学人才。他的学生中，遥感应用专家陈述彭、冰川学家施雅风、地理与地貌学家李吉均、海岸海洋地貌与沉积学家王颖都成为中国科学院学部委员（院士）。

1972年底，竺可桢最后一次会见任美锷时，深有感慨地说："我

任美锷　与地理相知相守的地貌学家

国至今还没有一本篇幅适当的中国自然地理著作问世，这与中国的国际地位很不相称。"任美锷为了实现竺可桢的遗愿，毅然执笔编写了30万字的专著《中国自然地理纲要》。该书出版后，受到国内外地理学家的重视，成为我国高等学校地理专业的重要教材，被认为是中国自然地理的代表性著作，后被译成英文、日文和西班牙文出版。1987年，《中国自然地理纲要》荣获原国家教育委员会颁发的"首届全国高等学校优秀教材特等奖"。

《中国自然地理纲要》封面

2016年，举世瞩目的世界最大单口径球面射电望远镜FAST在贵州省平塘县克度镇的洼坑中落成启用。任美锷正是FAST系统总工程师、中国科学院遥感与数字地球研究所非再生资源遥感应用研究室主任聂跃平的硕士和博士导师。聂跃平还做过任美锷的学生、陈述彭的博士后。聂跃平说："1988年后，我到南京大学念硕士和博士，正好我的导师是我国著名的地理学家任美锷先生。抗日战争时期，他跟随浙江大学西迁，到贵州做喀斯特方面的研究。他听说我在贵州做过系统的喀斯特课题，就对我'下猛药'了，把他平时所有喀斯特方面的研究成果和经验全交给我了。"

任美锷非常注重调查研究，崇尚实地考察。

中华人民共和国成立初期，为了开发利用西南地区的自然资源，

之江院士成长之路 明州俊杰

任美锷积极响应国家号召,率领南京大学师生多次奔赴祖国西南边陲,深入西双版纳密林。尽管当时交通极为不便,生活十分艰苦,但他不辞辛劳,终于发现了国家急需的重要战略物资——橡胶在我国适宜种植的地理范围,得出橡胶种植北限可达北纬25°、海拔上限可达900—1000米的结论,为国家发展橡胶工业提供了重要的科学依据。任美锷的足迹遍布全国海岸带,大庆油田、海南岛港口等大型经济、国防项目的建设中都留下了他的身影。

实践出真知,任美锷提出的"准热带"概念,为我国扩大热带作物种植范围提供了理论基础;他提出了有中国特色的喀斯特理论,为排除铁路矿山的隐患作出了贡献,尤其对三峡工程的建设具有重要的预警作用;他第一个在我国提出了风暴潮对海岸带的作用,填补了我国对风暴潮沉积研究的空白,为我国众多港口的建设和海洋资源的开发提供了具有重大意义的数据。

到了古稀之年,任美锷常说:"我虽然已经退居二线,但在科学研究和支援国家建设方面,我要永远站在第一线。"87岁时,任美锷仍在关心黄河生态问题,并耗时两年完成图书《黄河:我们的母亲河》。

生命不息,奋斗不止,这是任美锷留下的宝贵精神财富。

1992年,任美锷(左)在美国考察印第安小人丘遗迹

精神闪耀

科研成果的取得离不开扎实的探索，探大漠、跨戈壁、上冰川，任美锷一直冲在前面。搞观测、采数据、做项目，他秉持求知、求真、求实的科学精神，非常注重调查研究，为我国地理、海洋学科的发展作出了杰出的贡献。

培养年轻人出新出彩，是科研报国精神的传递，也有助于实现高水平科技自立自强。任美锷不仅长期从事自然地理与海岸科学的研究工作，而且教书育人几十载，培养了大批优秀的科学家。

在《与青年朋友谈学习和工作方法》一文中，任美锷曾经这样讲述："天下无难事，只怕有心人。只要我们勤于学习，并且善于学习，很多事都可以从不懂到懂，并且还有所创见。"

有人问及任美锷事业成功的秘诀，他只说了两个字："勤奋。"他认为，要取得成绩，关键还是一个"勤"字，个人天资尚在其次。只有勤奋学习，锲而不舍，才能在事业上有所成就。

任美锷的学术建树令国内外同行为之折服。为了表彰他在海洋地貌学和岩溶地貌学研究上的卓越贡献，英国皇家地理学会授予他国际地理学领域的最高奖章——维多利亚奖章，他成为我国获此奖章的第一人。

■ 之江院士成长之路　明州俊杰

院士小传

任美锷（1913—2008），浙江宁波人，自然地理学与海岸科学家，中国科学院学部委员（院士）。

任美锷1934年毕业于中央大学地理系，获理学学士学位；1936年以第一名的成绩通过中英留学招生考试，赴英国格拉斯哥大学研究地貌学；1939年获博士学位；1979年任中美合作研究项目"长江口及东海大陆架海区沉积动力学"首席科学家；1980年当选为中国科学院学部委员（院士）。

任美锷1986年荣获英国皇家地理学会授予的维多利亚奖章，2000年获何梁何利基金科学与技术进步奖，2001年在岩溶地区可持续发展国际学术会议上被授予贡献奖。

纪育沣

著名有机化学家

同心同德聚中央，协作交流团结长。各派争名创四化，集中统一永光芒。名人著作启先进，知识增多冀发扬。癌症是生命大敌，决心研究国增光。

之江院士成长之路   明州俊杰

他少小离家，但乡音未改；他生活简朴，但不惜花重金购买图书和刊物；他硕果累累，却甘为国家倾尽所有。他便是我国著名有机化学家纪育沣。

爱国情怀：求学与探索

纪育沣青年时代到上海求学，于1921年毕业于沪江大学（今上海理工大学）化学系。

从《上海理工大学志》（1906—2006）中可知，沪江大学的校训为"信、义、勤、爱"。纪育沣在沪江大学就读时，学校进行了诸多改革。1919年，沪江大学制定了第一个"五年计划"，目标包括男女同校、每周邀请名人来校演说一次等。孙中山先生、美国哲学家兼教育家杜威、时任南开大学校长的张伯苓、时任大夏大学（今华东师范大学）校长的马君武都曾到校演讲。在沪江大学的学习经历深深影响了纪育沣。沪江大学办学伊始就采用英文授课，纪育沣毕业后即赴美国求学。1938年的《广西大学一览》这样记载纪育沣的留美经历："获美国芝加哥大学硕士学位、耶耳（耶鲁）大学化学博士学位。"在美国芝加哥大学求学期间，纪育沣与著名的科学家庄长恭、吴有训等是同学。

纪育沣　著名有机化学家

科学无国界，但科学家有祖国，爱国是科学家精神的第一要义。纪育沣是一位爱国科学家。他学成回国后，曾在武昌大学（今武汉大学）、东北大学、厦门大学、浙江大学等校任教授。1933年至1934年，纪育沣在上海雷士德医学研究院理学系任研究员。之后，他又分别在广西大学任教，在"中央研究院"化学研究所（今中国科学院上海有机化学研究所）任研究员兼秘书。

广西大学内的纪育沣塑像

1941年，上海沦陷，纪育沣克服重重困难和阻力，只身前往重庆，在上海医学院（今复旦大学上海医学院，1940年迁至重庆）执教，并担任药科主任。他不仅讲授有机化学、药物化学和物理化学等多门课程，还因陋就简地利用化工厂的废料提炼化学试剂，用于科研和教学工作。

1949年之后，纪育沣历任中国科学院化学研究所、中国医学科学院药物研究所研究员，北京化学试剂研究所副所长等职。他还曾被选为《化学学报》和《医学学报》的编委。1955年，中国科学院设立学部，纪育沣当选为数理化学部委员（院士）。

■ 之江院士成长之路　明州俊杰

专注研究：成就与奉献

纪育沣毕生从事药物化学及有机合成工作，主要研究领域包括嘧啶、噻唑、喹啉等杂环化合物，中草药的化学成分，维生素 B_1 全合成，抗疟药物，抗血吸虫病药物，维生素C的测定方法以及在动植物产品中的分布等。

纪育沣早年在上海雷士德医学研究院、"中央研究院"化学研究所和广西大学时，曾对中草药进行了一系列研究，先后对紫苏、鸢尾、前胡、柴胡、大齿独活、大花淫羊藿、贝母、钩吻等进行了化学成分的分离和鉴定。他从大齿独活中分离出几种结晶，从淫羊藿中分离出黄酮苷，均是我国首次用化学方法研究中草药的成果。

纪育沣还研发出一种简单而准确的测定维生素C含量的新方法，曾用于120种食用植物和动物制品及中药内维生素C含量的测定，为我国营养学及生理学研究提供了大量宝贵的基本数据。

纪育沣在北京化学试剂研究所工作期间，对该所化学试剂的研制规划，特别是对嘧啶、嘌呤等核酸碱基、核糖以及20多种基本氨基酸的研制提出了许多高瞻远瞩的建议，对我国化学试剂研究的发展作出了贡献。

纪育沣在实验室

纪育沣　著名有机化学家

　　1957年科学出版社出版的《抗疟药物研究》一书，收集了纪育沣与助手合作的共6篇文章，其内容提要是这样的："疟疾目前在国内是严重危害人民健康的疾病之一，氯喹是一种优良的抗疟药。本书根据过去国外资料和中国医学科学院药物学系合成室在1954年所进行的合成氯喹的试验工作，叙述了氯喹的各种合成方法，包括各步原料的合成。本书可作为药学院以及药物生产部门药学工作者的参考资料。"

　　同年出版的《维生素乙$_1$的研究》收集了他与助手合作的共4篇文章，其内容提要写道："本书系四篇合成维生素乙$_1$研究报告所组成，内容主要为：简单讨论世界各国科学家在合成维生素乙$_1$工作方面的成就以及作者合成维生素乙$_1$的详细报告。第一、二篇介绍合成嘧啶部分的工作，第三篇为合成噻唑部分的工作，第四篇为合成维生素乙$_1$的工作。"两本书共10篇文章，一共不足80页，可谓言简意赅，不能改一字。

　　1981年夏初召开的中国科学院第四次学部委员大会上，当时已82岁高龄的纪育沣，左眼失明，右眼只见少许光亮，健康状况已经每况愈下，经常剧烈咳喘，但他仍每日来赴会，足见其对我国科学事业发展的关注。

　　纪育沣舍弃"小我"、超越"自我"、追求"大我"的无私奉献精神，正体现了科学家想国家之所想、急国家之所急，服务国家发展大局的"无我"境界。

之江院士成长之路　明州俊杰

精神闪耀

纪育沣一生孜孜不倦地追求科学事业，他的生活十分俭朴，但不惜花重金购买《贝尔斯登有机化学大全》《美国化学学会会志》等各类科技书刊，凡与他研究工作有关的重要新书均尽量设法买入。他极其珍视自己的藏书，一生藏书颇丰。

1983年，在他逝世一周年之际，他的夫人杨群华遵照他的遗愿，将他一生珍藏的全部科技书刊3000余册分赠给中国科学院新疆分院和北京化学试剂研究所，为支援边疆科学事业和发展我国化学试剂作出了最后贡献。

纪育沣晚年曾写下这样的诗句："同心同德聚中央，协作交流团结长。各派争名创四化，集中统一永光芒。名人著作启先进，知识增多冀发扬。癌症是生命大敌，决心研究国增光。"纪育沣砥砺"以身许国，何事不可为"的勇毅担当，激扬"敢为天下先"的创造豪情，将永远激励后来者。

纪育沣坚持工作

纪育沣　著名有机化学家

院士小传

纪育沣（1899—1982），浙江宁波人，有机化学家，中国科学院学部委员（院士）。

1921年，纪育沣毕业于沪江大学化学系，获学士学位；1923年获美国芝加哥大学化学硕士学位；1923—1924年在美国耶鲁大学学习深造；1924年回国，任武昌大学（今武汉大学）化学系教授；1926年再度赴美，师从耶鲁大学有机化学家约翰逊教授；1928年获耶鲁大学博士学位。1928年回国后，先后任东北大学、厦门大学、浙江大学、广西大学、上海医学院（今复旦大学上海医学院）、西南联合大学等校教授。

纪育沣毕生从事药物化学及有机合成工作，其中对嘧啶的研究最为知名。

之江院士成长之路　明州俊杰

纪育沣手迹

李庆逵

中国土壤学和农业化学的奠基人

如果还有一次生命，我仍然愿意从事科学研究，科学的世界太美了。

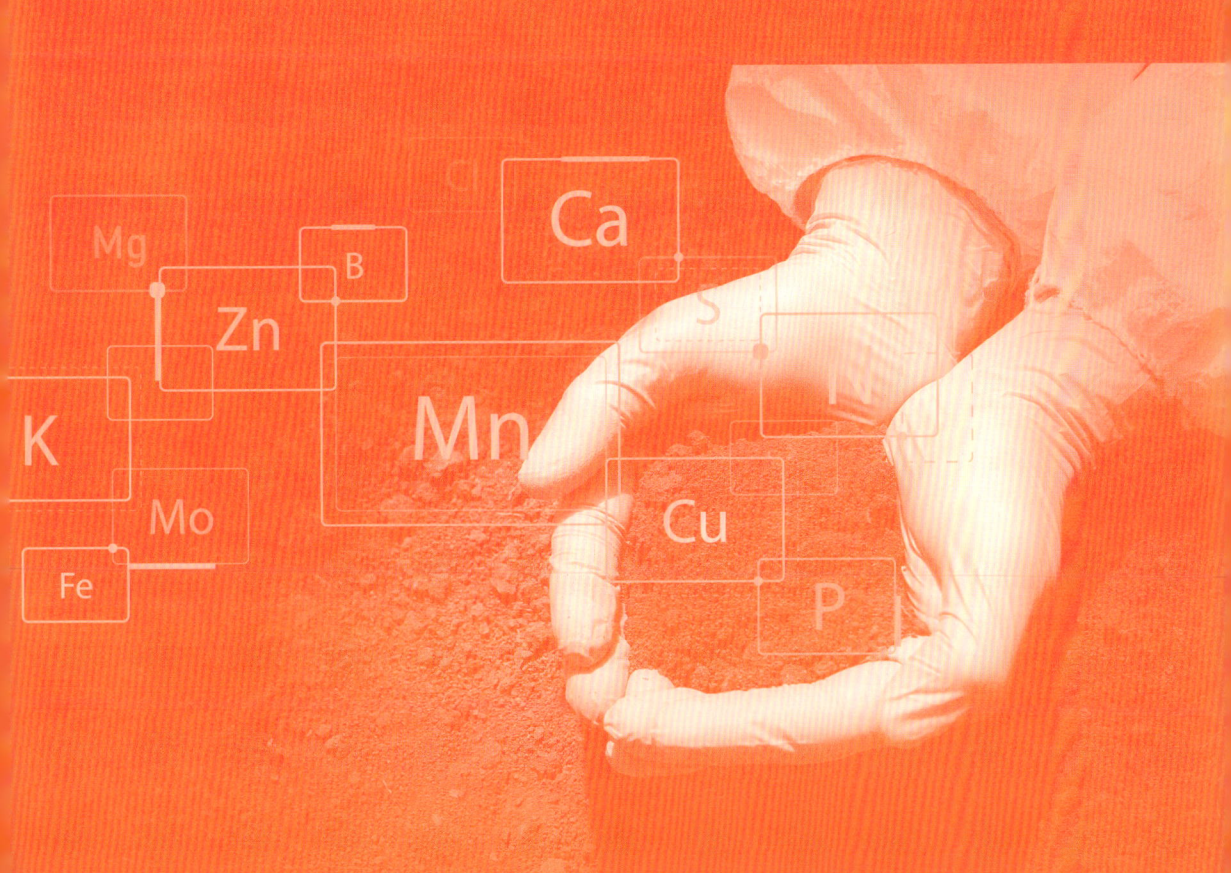

■ 之江院士成长之路　明州俊杰

抗战时，中国地质调查所的土壤研究室（今中国科学院南京土壤研究所）迁往四川。日机来轰炸时，别人都往防空洞跑，而李庆逵却往实验室跑，因为他要把一些易燃物质处理好，否则整个实验室就会被毁了。有一次，日机在头顶盘旋，已被妻子拉进防空洞里的李庆逵还是坚持到实验室去，他说，桌上有一个坩埚，是铂金制作的，不能丢了。

立下鸿鹄志

1912年2月12日，李庆逵在浙江省宁波市出生。祖父李松侯曾担任宁波市商会会长，父亲李子诺在宁波钱庄当职员。他的外祖父叶同春是清朝举人，大舅父叶伯允是《四明日报》的主笔，三舅父叶叔眉是京师大学堂（今北京大学）的教授。这个书香家庭给年幼的李庆逵播下了求知的种子。

李庆逵幼年时常住慈溪的外祖父家，他自幼勤奋好学，不仅数学很好，对文学、历史、地理也很有兴趣。1921年，他从慈湖高等小学堂毕业后，就去了父亲工作所在地宁波读书。1925年，李庆逵从鄞县私立效实中学（今宁波效实中学）初中毕业，高中就读于上海复旦中学高中部。1928年，李庆逵考入上海复旦大学化学系。

那时，侯德榜在制碱工业上取得的成就，为中华民族争了光。李

李庆逵　中国土壤学和农业化学的奠基人

庆逵正是受他的影响，才一心决定要学化工。1932年，李庆逵以优异的成绩从复旦大学化学系毕业，他对自己的前途怀揣着美好的憧憬。但是，在当时的社会条件下，这位优秀的大学毕业生很难找到他想做的工作。后来，李庆逵在中央地质调查所土壤研究室获得了一份工作，也成就了李庆逵的终身事业。

中央地质调查所土壤研究室创立于1930年，著名地质学家、中央地质调查所所长翁文灏兼任该室主任。该室设有土壤地理和土壤化学两个研究学科，李庆逵在土壤化学组做土壤化学分析工作。刚刚进入土壤研究室那会儿，成天跟土样打交道，李庆逵感到很乏味，很迷茫。翁文灏常到李庆逵的实验室里视察，使李庆逵不敢有丝毫懈怠。渐渐地，李庆逵熟练掌握了土壤分析技术，并体会到这是改良土壤和指导施肥的必要手段，一样可以实现他"科学救国"的梦想，于是他又重燃了对工作的激情。

在复旦大学读书的李庆逵

20世纪30年代，我国土壤学的研究工作还处于初创时期。李庆逵很注意吸收欧美的先进研究方法，结合我国具体的土壤特性，选择适宜的土壤化学分析方法，并及时进行总结。早在1937年，他就编写出版了我国第一本《土壤分析法》，这本书至今仍有应用价值，是

51

■ 之江院士成长之路　明州俊杰

李庆逵（右）与苏联土壤学家格拉西莫夫在野外考察

土壤化学工作者经常参考的一部工具书。李庆逵还致力于把我国的科学研究成果推广到国外。1943年，他在美国的《土壤科学》期刊第55卷第5期上发表了论文——《中国主要土壤的化学特征》，向国际土壤学界介绍中国土壤学的研究成果，为中国土壤学研究在世界上争得了一席之地。

1944年，李庆逵赴美留学，就读于伊利诺伊大学研究生院；1946年获农学硕士学位；1948年以论文《土壤有效养分测定方法的研究》完成博士论文答辩，获博士学位。同年回国后，李庆逵继续在中央地质调查所工作，任土壤研究室副主任。

中国科学院成立后，以土壤研究室为基础，1953年建立了中国科学院土壤研究所，李庆逵被聘为研究员，并被任命为副所长。1955年，李庆逵当选为中国科学院首批学部委员（院士）。

报国赤子心

在进行科学研究时，李庆逵注重我国的实际，注重农业实践，为农业生产服务。中华人民共和国成立后，百废待兴，有一种物资特别匮乏，那就是天然橡胶。天然橡胶是关系国计民生的重要产品，又是

李庆逵 中国土壤学和农业化学的奠基人

国防战略物资，但种植生产橡胶的橡胶树对地理位置和生态环境有着特殊的要求。

《大英百科全书》中记载："橡胶树仅仅生长在界限分明的热带地区——大约是赤道南北纬10度以内。"而中国热带、南亚热带的大部分地区都在北纬18度以北。中华人民共和国成立初期，我国的天然橡胶园只有24万亩，年产干胶200吨，远远不能满足国防和经济建设的需求。当时，西方国家对我国实行全面禁运，天然橡胶作为战略物资，是禁运的重点。1950年10月，抗美援朝战争爆发，我国天然橡胶供应更加紧张。正是在这一背景下，中央作出"一定要建立我国自己的橡胶生产基地"的战略决策。

1956年，中国科学院重新组建华南和云南热带生物资源综合考察队，李庆逵任副队长。他带领一大批热血青年深入雷州半岛、海南岛、西双版纳等地的深山密林中考察。考察的时候，他们常常要钻进无边的森林，森林里有大象、蟒蛇等各种各样的动物，随时可能置人于死地。钻林子十分辛苦，别的不说，单单蚂蟥就让许多队员受不了。实地考察时，队员们身上经常爬着几十条蚂蟥，有时候被蚂蟥咬得没办法，有人便用点燃的香烟在蚂蟥吸过的伤口上烫一烫，烫肿了，血才止住。

工作中的李庆逵（左一）

■ 之江院士成长之路　明州俊杰

　　李庆逵带领科研队伍对华南、西南地区的热量、风速、水分和土壤等进行调查，基本查清了适合种植橡胶的宜林地。经过多年的努力，中国的橡胶树在北纬18度至24度地区大面积种植成功。1982年10月，国家科学技术委员会对"橡胶树在北纬18度至24度大面积种植技术"成果颁发了"国家发明一等奖"。

李庆逵在工作

李庆逵　中国土壤学和农业化学的奠基人

精神闪耀

不论在生活中还是在工作中，李庆逵都有记日记的习惯。通过这些日记，我们可以看到一个充满生活情趣、热爱生活的人。

"1986年3月12日：谒中山陵，玉兰盛开，梅花已经十分了。"

"1991年3月1日：满树银花，雪景极美。"

谦虚、谨慎是李庆逵的品格，他在日记里写道：

"1991年9月5日：全日阅读《李庆逵与我国土壤科学的发展——庆贺李庆逵教授从事土壤科学工作六十年论文集》（初稿），大家对我的称扬过分了，很惭愧。"

"1992年1月2日：《论文集》出版后，我非常谨慎。'盈者也，亏也渐也。'"

在他的日记里，我们还经常能看到他对别人发自肺腑的赞扬：

"1986年2月20日：参加竺可桢先生研究会，叫我任顾问，竺先生的道德文章，实足敬仰。"

"1996年2月8日：浏览《院士风采》里的照片和他们的填字，感到知难行亦不易也。"

李庆逵曾说："如果还有一次生命，我仍然愿意从事科学研究，科学的世界太美了。"

云山苍苍，江水泱泱，先生之风，山高水长！李庆逵对科学事业的执着追求和谦虚自省的君子风范，永远闪耀光芒。

55

之江院士成长之路　明州俊杰

院士小传

李庆逵（1912—2001），浙江宁波人，土壤学家，中国科学院学部委员（院士）。

1932年，李庆逵毕业于复旦大学化学系；1948年获伊利诺伊大学博士学位；1953年参与组建中国科学院土壤研究所，历任研究员、副所长、名誉所长。1955年当选为中国科学院学部委员（院士）。

李庆逵率先全面研究并系统阐述了土壤中磷和钾元素的含量、分布、状态和转化规律及这些元素的施肥效应，为发展我国肥料工业、提高作物产量提供了重要的科学依据，为我国农业化学的发展作出了重要贡献。

李庆逵是第四届国际土壤学会副主席，1980年受聘为国际《肥料研究》杂志编委。2000年10月，90岁高龄的李庆逵荣获何梁何利基金科学与技术进步奖。

李志坚

一"芯"报国的微电子学专家

个人的渺小和宏大,看似矛盾却又协调。这两者结合在一起,将成为奔腾向前的历史长河中的一朵浪花。

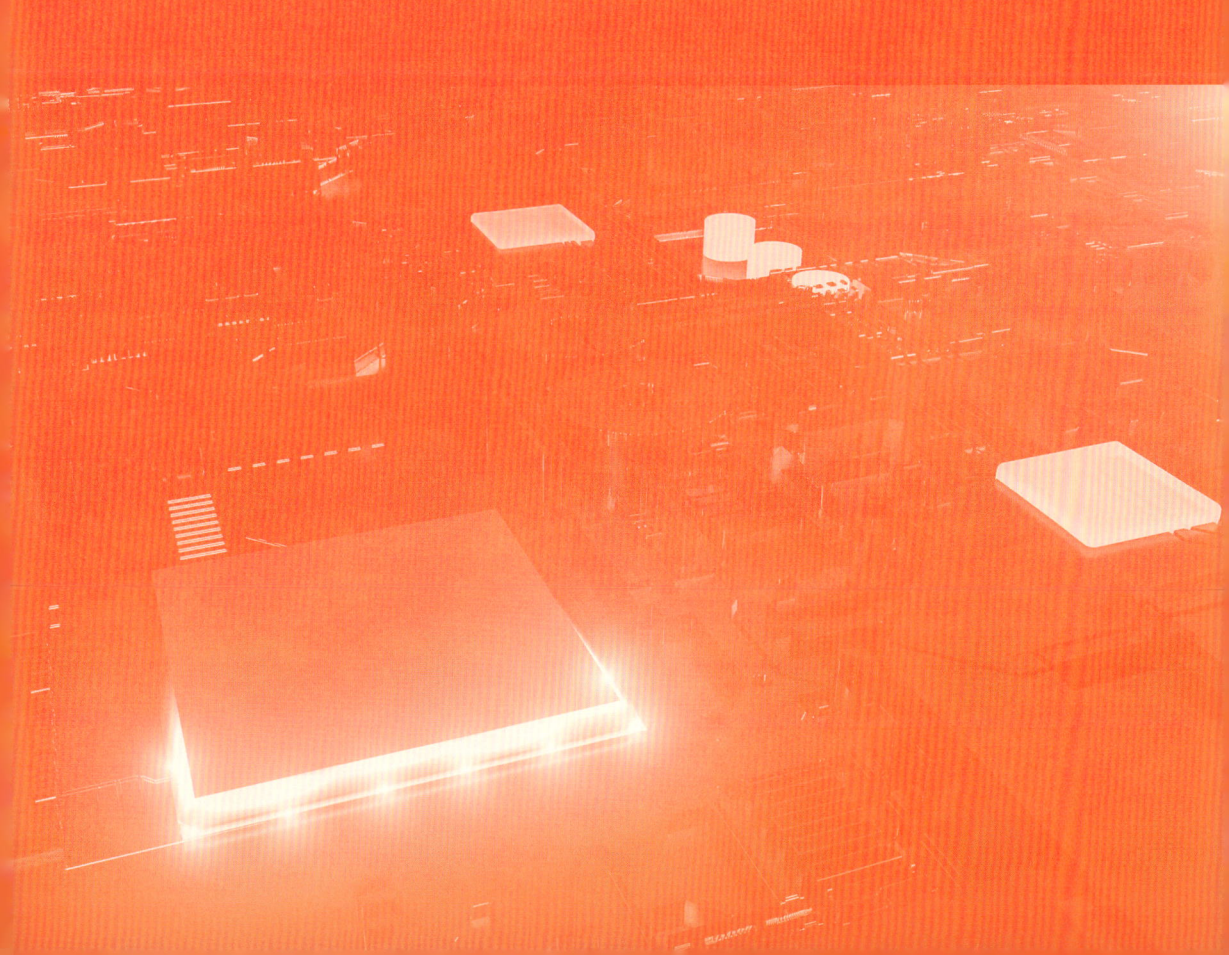

■ 之江院士成长之路　明州俊杰

1958年2月，李志坚从苏联学成回国。按照规定，完成学业后他应返回原派遣单位同济大学工作，然而，清华大学无线电电子学系（今清华大学电子工程系）副主任李传信得知李志坚回国后，特地问学校要了一辆车，到北京火车站把李志坚"劫"到清华，因为李志坚是半导体方面不可多得的人才。

立志报国的烽火少年

1928年，李志坚出生于浙江省镇海县柴桥镇（今宁波市北仑区柴桥街道）一个普通的商人家庭。父亲李国瑞是一个勤劳、质朴的商人。李志坚从小跟着父亲学做锡匠，耳濡目染，铸就了其刻苦耐劳和勤俭节约的品质。

1934年，李志坚进入柴桥小学。抗日战争爆发后，本应无忧无虑的孩童生活因此而改变。李志坚的家乡遭遇日机轰炸，他就读的柴桥小学也被炸毁。在战火的威胁下，李志坚小小年纪就跟随学校到乡下避难。

在这样紧张和恐慌的战争氛围中，李志坚走上了他的爱国启蒙之路。当时，许多爱国知识分子以及原在上海、杭州等地工作、读书的青年人来到柴桥等小镇避难。他们带来了爱国热情和进步思想，让李志坚萌发了爱国之情和报效国家之心。

李志坚　一"芯"报国的微电子学专家

　　1940年，李志坚升入镇海县立初级商业职业学校（今浙江省镇海中学）。当时，学校因抗日战争几度在农村和山区辗转，师生们总是提心吊胆地提防着日军的偷袭和轰炸，时常要进行逃生演练，随时做好逃生的准备。

　　学校的校史中记载了一段故事：1937年，抗日战争全面爆发，敌机轰炸镇海，学校迁至西门外渡驾桥回向寺。1939年8月，因战火威胁，学校又迁至柴桥瑞岩寺，改收普通初中新生，计三个学期。1940年，因当时县府指示，学校迁至庄市汤家庙。1941年4月19日，日寇入侵镇海县城。清晨，师生得讯，仓促星散，学校器具、典籍尽损。战乱不仅让李志坚树立了"位卑未敢忘忧国"的家国情怀，也磨炼了他百折不挠的意志。

　　1947年，李志坚考取浙江大学，在何增禄、束星北、卢鹤绂、王淦昌等当时中国物理学界最优秀的教授的引领下，他走进了物理学的殿堂。大学毕业后，他被分配到同济大学物理系任助教。后来全国高校院系调整，他正准备去东北农学院（今东北农业大学）任职，却又接到学校通知，要他前去北京俄文专修学校（今北京外国语大学）学习一年后留学苏联。就这样，李志坚在经历诸多波折后踏上了去苏联求学的旅程。

　　1953年，李志坚成为苏联列宁格勒大学（今圣彼得堡国立大学）物理系的研究生。当时，半导体研究在苏联刚刚起步，他的导师亚历山大·阿列克谢耶夫·列别杰夫是该领域的专家，于1953年10月23日被苏联科学院大会选举为苏联科学院院士。导师为李志坚制订了读

之江院士成长之路 明州俊杰

书计划，列了书单，并要求他补习固体物理、量子力学等四五门基础课程，要求他用两年时间完成学习计划并通过相关专业考试。然而，李志坚仅用半年时间便攻克了语言难关，完成了导师规定的学习任务，阅读了书单所列的全部书目，并顺利通过了相关专业考试。

通过考试后，李志坚开始集中研究红外光电器件性能的改善并探索相关理论。得益于在浙江大学物理系学习时练就的良好实验技能，他在实验中自制了多项实验工具，并根据大量实验结果，开创性地提出薄膜光导体的晶粒电子势垒理论，完成关于CdS与CdSe薄膜的电子激发电导的毕业论文，以优异的成绩获得了列宁格勒大学物理-数学科学副博士学位（苏联时期的高等教育学历制度，相当于博士学位）。

1958年，李志坚从苏联回国，进入清华大学任教。同年3月，李志坚正式加入清华大学的半导体教研组，不久便被委以教研组负责人的重任，开始主持半导体研究工作。

高瞻远瞩的战略科学家

20世纪50年代末，锗是当时生产半导体的主要材料。在此背景下，李志坚独辟蹊径，带领半导体教研组选择专攻硅基半导体，准确把握集成电路发展的正确方向。20世纪70年代末，他又提出以CMOS集成微电子学为半导体教研组的主要学术方向。

这两次学术方向的确立对我国半导体事业和清华大学微电子学科的成功起步及持续发展有着极为重要的意义。

李志坚 一"芯"报国的微电子学专家

1980年，清华大学微电子学研究所成立，李志坚任研究所所长。在此期间，李志坚从事了几项重大科研项目，如1~1.5微米成套工艺开发和1兆位汉字只读存储器的研制，覆盖了工艺线、设计组、器件物理组等几乎全所的科研力量。从建立当时国内第一个可满足集成电路生产要求的超净车间，到电路设计、工艺流水试制、测试分析，微电子学研究所的大部分科研人员攻克了一个个难题，将自己近20年的科研精力奉献给了这里。他们正是为了突破国外对先进科技的禁运和控制，满足国家的战略需求，最终研制成功具有我国独立自主知识产权、在性能指标上达到世界先进水平的汉字只读存储器芯片，这在中国集成电路技术的自主发展方面具有重大的战略意义。

1995年，李志坚带领微电子学研究所率先自行设计、研制出逻辑加密卡芯片HX768。当时，国家计委发来了一封贺信，称之为"中华第一卡"。

工作中的李志坚

1998年，他们成功开发了DTT4C01A公用电话IC卡专用芯片，该芯片2000年销售量已超过1亿。2001年，他们又开发了内嵌铁电存储器的非接触式IC卡芯片，用于市政公交"一卡通"和身份识别。

几十年来，李志坚始终站在科学的最前沿，获得国家级和省部级奖项10余项。他1980年获"全国劳动模范"称号，1991年当选为中国科学院学部委员（院士），获1997年度陈嘉庚信息科学奖、2000年度何梁何利基金科学与技术进步奖。

李志坚获1997年度陈嘉庚信息科学奖

中国科学院院士顾秉林曾在李志坚的领导下工作，得到他的许多帮助，接受过很多教诲。顾秉林曾回忆，作为一名战略科学家，李志坚立足中国实际、面向世界前沿，在学术上高瞻远瞩。李志坚对事业的忘我投入、对青年的热情扶持，令顾秉林终生难忘。

李志坚 一"芯"报国的微电子学专家

精神闪耀

李志坚高瞻远瞩，准确把握科研方向。不论是清华半导体教研组初建时在一穷二白的实验室里进行硅材料研究，还是之后进行集成电路、微纳电子技术等研究，李志坚始终想国家之所想、急国家之所急、应国家之所需。时代赋予了李志坚一代科学家肩负的历史重任，也让他见证了中国科学技术和学科建设的历史进程。

从一个立志报国的少年成长为一位杰出的微电子学专家，李志坚一"芯"报国，书写了壮丽的人生篇章。60年的学术生涯，不仅是他个人努力学术探索、坚持追求科学真理的写照，还是中国微电子事业从无到有艰难前行的缩影。

正如李志坚所说，个人的渺小和宏大，看似矛盾却又协调，这两者结合在一起，"成为奔腾向前的历史长河中的一朵浪花"。

李志坚在书房阅读学习

63

之江院士成长之路　明州俊杰

院士小传

李志坚（1928—2011），浙江宁波人，微电子学专家，中国科学院学部委员（院士）。

李志坚1947—1951年在浙江大学物理系学习，获学士学位；1953—1958年留学苏联列宁格勒大学，就读于物理系，获副博士学位；1958年回国任教于清华大学，曾长期担任清华大学微电子学研究所所长、信息学院学术委员会委员、中国半导体行业协会副主任委员等职。1991年当选为中国科学院学部委员（院士）。

李志坚曾任中国电子学会荣誉会员、国家科学技术名词委员会委员、中国微纳米技术学会名誉副理事长、《电子学报》《半导体学报》和《传感技术学报》编委。

沈自尹
坚持中西医结合研究和临床应用的"第一人"

在当前讲求经济效益的环境下，特别需要勤勤恳恳、耐得住寂寞、愿意献身中医药科研的人才。只有这样的人才，才能将中医基础理论研究不断拓展并引向深入。

之江院士成长之路　明州俊杰

1943年，日军占领了宁波镇海，年仅15岁的沈自尹不愿在日本人办的学校里带着"亡国奴"的心情念书。于是，他告别了父母，和几名爱国同学一起冒着生命危险乘坐小船穿越封锁线。途中，日本军舰向小船发射了数枚炮弹，幸而沈自尹和同学们化险为夷，成功到达宁海游击区，得以在鄞县县立临时联合中学就读。

"西医郎中"：敢为人先

沈自尹的父母都是教育工作者，曾在上海、南京等地工作，从小沈自尹就受到良好的熏陶。抗战时，他随家迁至宁波镇海的乡下。不久后宁波也沦陷了，刚念完初中的他千辛万苦来到宁海跃龙山的临时联合中学读高中。

高中毕业后，沈自尹考入上海第一医学院（今复旦大学上海医学院），毕业后被分配到广州岭南大学医学院（今中山大学中山医学院），后进入复旦大学附属华山医院工作。1955年，沈自尹已经在华山医院工作了两年，医院根据党中央刚颁布的中医政策，决定安排他去进修中医。时任党总支书记说："当前西医普遍存在歧视中医的不良倾向，没有深入研究过中医，却要否定中医，这是不科学的态度，派你去学中医，就是为发扬中医的精华，这是一项光荣的任务。"

沈自尹　坚持中西医结合研究和临床应用的"第一人"

就是这样的一席话，决定了沈自尹前进的道路和一生的事业。沈自尹晚年在回忆当时决定改行学中医的往事时感慨地说："当时的想法真的很纯朴，就觉得这是一项使命，要无条件地接受，没有今天人们做事时的许多顾虑。"

当时，全国还没有西医离职去学习中医的先例，"第一个吃螃蟹"的沈自尹难免成为周围人议论的对象，有时还会听到"西医郎中"这样的挖苦话。但他无惧周遭的非议，决定学好中医，完成组织交代的任务。

在医院的一间小板房里，老中医姜春华先生手把手地教沈自尹。即使在三伏天里，沈自尹也不休息，实在热得难受，就用冷水洗个头，再回来继续学习。凭借这股拼命的劲头，沈自尹很快学完了《黄帝内经》《伤寒杂病论》《金匮要略》《神农本草经》等多部中医学著作。

沈自尹（左）师从老中医姜春华

■ 之江院士成长之路　明州俊杰

　　"医书中讲'医者意也'。这个'意'并不是指随心所欲、天马行空的想象，而是指精密严谨的构思。医生思维水平的高低，直接决定着治疗效果的好坏。从前社会上很多人认为中医很玄妙、不够科学，其实就是没有深刻体会到中医的思想内涵，而常常用西医的思维去看待中医，那就难免会产生偏见。"沈自尹说。

　　他决定利用自己扎实的西医功底，用西医的语言去展示中医的博大精深，让中医思想在全国乃至国际上得到认可。

"急支糖浆爷爷"：尊称背后

　　在系统地学习了中医之后，沈自尹有了一个大胆的设想：寻找不同学科之间的联系，将中医和西医这两种全然不同的医学体系的长处和精华结合起来。

　　认准了中西医结合这个目标，沈自尹便立志要开拓这一全新的领域。但中西医结合的科研工作没有前人的经验可以借鉴，科研工作的设想与具体设计是否可行，还需要大量的医学实践。

　　20世纪50年代起，沈自尹率先在国内开展中医"肾"本质理论研究。在研究中，沈自尹为了证明补肾的药物可直接进行静脉滴注，委托母校上海第一医学院药学系把具有补肾功能的中药成分萃取成静脉针剂。但因为这样的针剂纯度有限，可能含有一些对人体有害的杂质及过敏原，直接滴注具有一定的危险性，所以谁也不敢贸然在病人身上进行试验。

沈自尹　坚持中西医结合研究和临床应用的"第一人"

于是，沈自尹自告奋勇，建议让自己来做实验对象。同事们都劝他不要冒险，但他依然坚持。他为科学献身的故事一时传为佳话。

1969年，沈自尹报名参加祖国医疗探索队，来到了四川涪陵山区。在山区巡回医疗、采药期间，他拟定的中草药处方有效地遏制了当地流行病——百日咳。后来，他将鱼腥草、开金锁和四季青等中草药用于治疗急性支气管炎，并不断改良组方。后来，这剂药方因疗效显著被制成华山医院院内制剂。

1984年，沈自尹将这一组方无偿转让给了当时一家濒临破产的小药厂。此举挽救了该药厂，该中成药"急支糖浆"因此声名鹊起，屡屡获奖，影响至今，缓解和治疗了不少病人的病痛，他也被尊称为"急支糖浆爷爷"。

作为国内第一批从事中西医结合工作的先驱，沈自尹凭借着勤奋与坚持，一步一步，将两个原本被认为是全然对立的学科关联在一起，为传统中医正名，并开拓出全新的学科门类，为中国培养出第一个中西医结合博士以及一批学贯中西的医学人才。

而这样一位德高望重的医学界大师，到了89岁高龄仍坚持在华

沈自尹在华山医院

之江院士成长之路 明州俊杰

《肾虚与科学——沈自尹院士的中西医结合研究心路历程》封面

山医院坐诊，并且只看普通门诊。他说："普通也好，专家也好，病人来看的都是我沈自尹同一个人，给的处理也是一样的，没必要让病人多花钱。"这一看就是几十年，给身边无数年轻人做了榜样，如今又给所有人留下了一个永恒的背影。

2007年，适值沈自尹八十寿诞，他的学生将他的论著整理成《肾虚与科学——沈自尹院士的中西医结合研究心路历程》一书出版。这本书对沈自尹的绝大部分工作进行了分类总结，因此格外珍贵。出版后，他给每个学生送了一本，并在扉页上题字留念，题字出自《易经》的"天行健，君子自强不息"。在熟悉沈自尹的人看来，他的奋斗经历与进取精神，用这句话概括再合适不过了。

沈自尹用自己的一生，实践着中西医结合的信条，以独有的方式书写了传统医学的新篇章。

沈自尹　坚持中西医结合研究和临床应用的"第一人"

精神闪耀

沈自尹是我国中西医结合学科的奠基人之一，他用长达半个多世纪甘于寂寞的坚持、与时俱进的探求、博采众长的创新，走出了一条成功之路。沈自尹的执着付出得到了回报，他与他的恩师姜春华一同获得了"发扬祖国医药遗产"金质奖章，以西医见长的北京协和医院也邀请他举办讲座。自此，中西医结合研究开始获得学界的认可。

2020年7月，沈自尹的夫人赵馨荷向上海复旦大学教育发展基金会捐赠500万元人民币，设立"沈自尹院士医学发展基金"，重点扶持优秀的医科学生，尤其是贫困生，鼓励他们认真钻研，持续积累，多做出有社会价值的成果，争做有温度的创新型卓越医学人才。

生前，沈自尹曾向前来采访的记者说："在当前讲求经济效益的环境下，特别需要勤勤恳恳、耐得住寂寞、愿意献身中医药科研的人才。只有这样的人才，才能将中医基础理论研究不断拓展并引向深入。"在寂寞中坚守、与时俱进、探索创新，成为沈自尹数十载从医生涯的最佳注解，而他的精神也将被一代又一代的学子传承下去。

■ 之江院士成长之路 明州俊杰

院士小传

沈自尹（1928—2019），浙江宁波人，复旦大学附属华山医院教授，中国科学院学部委员（院士）。

沈自尹1949年3月参加革命，1956年6月加入中国共产党。1952年7月，沈自尹从上海第一医学院毕业后分配至广州岭南大学医学院工作；1953年8月进入华山医院工作至退休，曾任华山医院中医脏象研究室、中医科、中医教研室主任和上海医科大学中西医结合研究所（今复旦大学中西医结合研究院）所长，复旦大学中西医结合研究院名誉院长。

沈自尹是中西医结合学科的开拓者之一，是中西医结合思路和方法、脏象学说和病证关系研究的开创者之一。沈自尹率先发现肾阳虚证者存在下丘脑-垂体-肾上腺皮质轴功能低下和紊乱的情况，并用现代科学方法证实其有特定的病理基础，在临床进行支气管哮喘、肾病综合征激素依赖等中医药治疗研究，开发了急支糖浆、补肾益寿胶囊、补肾防喘片等新药。

陈　纯

软件强国梦的践行者

最好的研究动力就是找到感兴趣的方向，兴趣所带来的持续动力能够抵御不确定性带来的挫败，让人更专注于磨炼专业技能、锻炼创新方法，在自我挑战中探寻科学的真谛。

■ 之江院士成长之路　明州俊杰

1974年，陈纯高中毕业后，到高塘公社高二大队插队落户。当时，高塘岛上的条件十分艰苦，但陈纯并没有虚度那段知青岁月。无论做什么事情，他都努力去适应。"走进农田，就好好当农民，挑担比不过别人，可以练插秧，总会有自己擅长的项目。"陈纯说。尽管劳动很忙碌，他却没有因此而远离书本。

追随数学家陈景润的足迹

陈纯出生于浙江省宁波市象山县石浦镇。石浦镇位于象山半岛的尽头，是一座偏僻的渔港古镇，交通十分闭塞。1974年，陈纯高中毕业，插队落户在东海上一座叫"高塘"的海岛。岛上既没电又缺水，条件十分艰苦。陈纯不仅把"硬碰硬"的农活干得很出色，还帮助村里办夜校，辅导农村孩子读书，深受当地人民喜爱。

1976年，陈纯作为宁波地区和象山县的知青代表，出席了浙江省首届上山下乡知识青年代表大会。当时21岁的陈纯第一次乘汽车到宁波，第一次看见了火车，第一次坐火车到了省城杭州。当火车伴随着"呜呜"的汽笛声通过钱塘江大桥时，他激动得热泪盈眶。后来，在离开杭州的火车上，他写下日记："回去后我一定要更加努力干活，当好新一代的农民，争取每年能来杭州开会……"而就在一年后，国家恢复了高考制度，他参加了高考。

陈　纯　**软件强国梦的践行者**

1977年，全国各大媒体发布了已停止十余年的高考即将恢复的消息，一时间，举国上下"老老少少"570万考生奔赴高考考场。

当时数学家陈景润的事迹广为流传，影响很大，著名作家徐迟曾为此创作了报告文学《哥德巴赫猜想》。书中写道："自然科学的皇后是数学，数学的皇冠是数论，'哥德巴赫猜想'则是皇冠上的明珠。"陈景润毕业于厦门大学数学系，于是陈纯就追随陈景润的足迹，考上了厦门大学数学系数控专业。

大三时，陈纯在图书馆里偶然看到了《计算机程序设计艺术》一书，作者是世界著名计算机科学家、美国斯坦福大学计算机系教授高德纳。1974年，高德纳凭此书获得图灵奖。受此影响，陈纯喜欢上了软件编程，自学了计算机专业的多门课程。

当有记者问起数学领域和计算机领域的科研有什么区别时，陈纯笑谈，像陈景润所做的数学研究，数十年的工作成果最终必须通过成功证明猜想来体现，而计算机的系统研发只要每天踏实攻关，难题总

厦门大学

是可以一点一点地解决的。他也借此勉励自己的学生，最好的研究动力就是找到自己感兴趣的方向，他所进行的研究就都是他所热爱的。兴趣所带来的持续推动力，能够让学术研究不断深入。

两度走进中南海讲解数字经济

1981年，陈纯从厦门大学数学系本科毕业后，跨专业报考了浙江大学计算机专业的研究生，师从著名计算机科学教育家何志均教授。1984年，硕士研究生毕业后，他选择了留校任教，并同时在浙江大学攻读在职博士。

当时，他的主要任务是完成国家经贸委（今国家发展和改革委员会）和浙江省计委（今浙江省发展和改革委员会）下达的"计算机丝绸花样设计、分色处理和制版自动化系统"的攻关项目。当时，纺织业是中国出口创汇的第一大产业，纺织印染厂数量多且规模大。但长期以

浙江大学紫金港校区

陈　纯　软件强国梦的践行者

来，花样设计和图案分色的工艺技术落后，直接影响了中国丝绸及其他纺织品在国际市场上的竞争力。该项目旨在开发一个集计算机系统、图像图形处理系统等于一体的全新装备。那时的计算机软、硬件还都非常简陋，国际上也没有可供借鉴的软件和硬件系统，几乎都要从头开始，靠自主设计，初出茅庐的陈纯所承受的压力之大可想而知。

在这四年多的时间里，陈纯几乎每天都会骑自行车往返于浙江大学和杭州丝绸印染厂（今喜得宝丝绸公司），经常通宵达旦地工作。"在那一千多个日日夜夜中，我经常为项目取得的任何一点进展而兴奋，也经常为项目进展受挫而感到茫然……"陈纯的付出得到了回报，1989年，纺织印花智能CAD（计算机辅助设计）/CAM（计算机辅助制造）项目完成，在体系结构、技术性能等方面都达到了当时的国际领先水平。

后来该成果在全行业内被全面推广应用，创造了巨大的社会效益和经济效益。20世纪90年代初期，陈纯因此荣获"浙江省十大科技新星"称号和第三届中国青年科技奖。在随后的十来年里，陈纯运用信息技术解决了传统产业改造和提升中遇到的各种重大问题，在纺织装备领域研制完成了计算机丝绸印染花样设计、分色处理及制版自动化系统，纺织品数码喷印系统，图像自适应数码精准印花系统等，在高端大型纺织装备研制的原始创新上屡获突破。

2019年10月24日，中共中央政治局就区块链技术发展现状和趋势进行第十八次集体学习，陈纯作为中国工程院院士在现场作了讲解，并提出了意见和建议。

■ 之江院士成长之路　明州俊杰

　　2023年8月21日，国务院以"加快发展数字经济，促进数字技术与实体经济深度融合"为主题进行了第三次专题学习，陈纯也到场作了讲解。

　　实现软件强国还需要有一大批真正掌握核心技术的软件公司，陈纯十分推崇"产学研"结合模式。近几年来，在我国新一轮的创新创业浪潮中，陈纯率团队学习"产学研"相结合的模式，引入风险投资，帮助和支持年轻人探索创立技术驱动型的创业企业，在数字经济建设中发挥了重要作用。

陈纯参加2021世界数字经济大会

陈　纯　软件强国梦的践行者

| 精神闪耀 |

从在石浦当农民学插秧，到在中央会议上讲解区块链、数字经济，陈纯写就了一段传奇的求学和成长经历。

在科研过程中，陈纯最重视的就是高水平研究与具体应用的结合，他说从事计算机领域的科研只有为社会所用，技术进步为市场所驱动，才能使得研究者不断地精益求精。这就使得陈纯的成就并不仅仅在于学术，还在于成功地将学术研究成果与改善现实相结合。陈纯努力将科研成果运用于经济建设，为实现软件强国的目标贡献自己的一份力量。

陈纯回到家乡象山，为家乡学子作了精彩报告

■ 之江院士成长之路　明州俊杰

院士小传

陈纯，1955年出生，浙江宁波人，计算机应用专家，中国工程院院士。

陈纯1982年毕业于厦门大学数学系，1990年获浙江大学计算机应用专业博士学位。陈纯曾任浙江大学计算机科学与技术学院院长、浙江大学软件学院院长，现任浙江大学计算机科学与技术学院教授、浙江大学信息学部主任、区块链与数据安全全国重点实验室主任、国家新一代人工智能战略咨询委员会委员。

陈纯长期从事计算机应用领域前沿科技的研究工作，主持研制完成了纺织品数码喷印系统等多个工程系统，并得到全面推广应用。近年来，陈纯率领科研团队对大数据、人工智能和区块链等技术和系统进行了重点研发。

陈中伟

"世界断肢再植之父"

记住，我们怎么说，世界就认为应该这么说，因为我们走在世界的最前面！

■ 之江院士成长之路　明州俊杰

1963年，面对一位右手腕关节以上一寸处被冲床完全切断的青年工人，陈中伟、钱允庆二人率领团队奋战8小时，完成了在世界医学史上具有里程碑意义的首例断肢再植手术。之后，陈中伟帮助病人成功闯过肿胀关、休克关、感染关、坏死关，接上去的手恢复了屈、伸、转、翻等功能，断肢再植获得成功。陈中伟被国际医学界誉为"断肢再植奠基人"。

一只麻雀打开"顽皮少年"的院士之门

1929年，陈中伟出生于浙江省宁波市。他的父亲陈葆珍于1922年7月创办了宁波保真医院，母亲吴倚理原来是护士，后来改做药剂师。宁波保真医院用的葡萄糖、生理盐水和常用的咳嗽药都由她配制。陈中伟从小跟在母亲身边，耳濡目染下就学到了一些制药知识。

陈中伟是父母的第八个孩子，前面七个孩子都是女孩，他十分受宠。儿时的陈中伟完全可以称得上是一个"顽皮少年"。父母和亲戚不免摇头叹气："你这个孩子，'文勿像读书人，武勿像救火兵'！"

对于陈中伟的顽皮，家里人不是一味地批评他，而是加以科学引导。比如陈中伟喜欢在医院里到处玩，在病人中转来转去。姐姐看见了，就告诫他这样会生病的，陈中伟不相信，姐姐就带他到父亲的显微镜前，又挑了病人的呕吐物切片放在显微镜下。陈中伟从显微镜里

陈中伟 "世界断肢再植之父"

看到许多黑灰色的"小虫"挤在一起，扭动身子转来转去。原来这就是细菌啊，太可怕了。这就是陈中伟医学知识的启蒙课。

陈中伟用弹弓打麻雀，他听大人说麻雀是好东西，于是他打了麻雀之后就拔毛剖肚弄来吃。父亲看到了，跟他说："麻雀虽小，五脏俱全。"父亲借机指着麻雀的内脏，详细地讲解了各个内脏的位置和作用。这就是陈中伟生平上的第一堂生理解剖课。

正是这种科学的引导，让陈中伟对生物学产生了浓厚的兴趣。1945年，陈中伟进入鄞县私立效实中学（今宁波效实中学）高中部学习。在各门课程中，陈中伟表现最出色的就是生物学。陈中伟因为很小就接触了显微镜，从父母那里学习了不少医学基础知识，所以对老师讲的课心领神会，看显微镜、画图比其他同学快一点，课堂上对答如流，老师也就分外喜欢他。

1948年，陈中伟高中毕业，考取了一所私立大学——上海同德医学院（1952年全国高等学校院系调整，同德医学院与圣约翰大学医学院、震旦大学医学院合并成立上海第二医学院）。大学期间，为了帮家里减轻负担，他当起了学校的解剖助教，为日后从事骨科专业打下了良好的基础。

1954年，陈中伟完成了大学学

1979年，陈中伟（前右一）和其他1948届高中校友回访母校宁波效实中学

之江院士成长之路　明州俊杰

业，成为上海市第六人民医院的一名医生。

成功完成世界首例断肢再植手术

1963年1月2日清晨，行人寥寥的上海北京西路上突然飞驰而来一辆三轮车，车上躺着一名右手被紧紧包扎着的青年工人。他脸色苍白，神情痛苦。这名青年工人叫王存柏，是上海一家工厂冲床车间的工人。这天，他因为一时疏忽，右手腕关节以上一寸处被冲床完全切断，工友们立刻将他送到了上海市第六人民医院。

陈中伟率领团队奋战8小时，完成了世界首例断肢再植手术。之后，患者成功闯过肿胀关、休克关、感染关、坏死关，接上去的手恢复了屈、伸、转、翻等功能，断肢再植获得成功。中国因此成为世界上第一个成功接活断肢的国家。

第一例断肢再植手术成功，相当于陈中伟和他的同事们在医学界"引爆了一颗原子弹"。1963年8月6日，《解放日报》头版头条刊发了《一个工人完全轧断的右手被接活》的报道。次日，新华社发出《世界首例断肢再植手术在我国获得成功》的电讯。当

陈中伟正在准备学术报告

陈中伟 "世界断肢再植之父"

时正陪同外宾访问上海的周恩来总理和陈毅副总理看到新闻后，特地在上海接见了参与第一例断手再植的医护人员，赞扬他们完成了一项创造性工作，这在中国外科手术史上具有重大意义。

1964年9月，在罗马召开的第20届国际外科学会世界大会上，首例断肢再植手术得到了国际医学界的公认。1965年5月，全球顶尖医学期刊《柳叶刀》杂志在特别文章栏目里详细报道了这个病例，文章开篇就写道："不完全断肢的成功救治偶见报道，但完全离断的肢体再植成活并恢复功能这还是第一例。"

1974年，陈中伟应邀在美国达拉斯城召开的美国手外科协会年会上作"断肢再植"创始者学术报告。1978年，在荷兰鹿特丹召开的国际手外科联合会大会上，大会主席奥布莱恩教授赞誉陈中伟为"世界断肢再植之父"。

陈中伟的一生，是为医学事业奋斗的一生，也是不断创新的一生。在他的履历上，有太多的"世界首例"。

1963年，陈中伟首次为全断右手施行再植手术成功，开创了再植外科，被国际医学界誉为"断肢再植奠基人"。

1973年，陈中伟为一例前臂屈肌严重缺血性挛缩病人施行带血管神经的游离胸大肌移位移植手术成功，这是世界上首例大块肌肉移植成功的手术。

1977年，陈中伟成功进行了吻合血管的游离腓骨移植手术，治疗了先天性胫骨假关节及其他原因造成的长节段骨缺损，还先后成功进行了复合皮瓣移植和游离第二足趾移植再造拇指手术。

之江院士成长之路 明州俊杰

1996年，陈中伟首创用移植足趾再造手指控制的电子假手。

....

1999年，在美国召开的第13届国际显微重建外科学会学术讨论会上将"世纪奖"授予陈中伟教授，表彰他为"断肢再植和显微重建外科做出的里程碑式贡献"。

一颗仁心佐以妙手，陈中伟默默耕耘，创造了一个又一个医学奇迹。他是优秀的医学科学家，也是无私而伟大的奉献者。

陈中伟题词

陈中伟 "世界断肢再植之父"

精神闪耀

陈中伟提出的"断肢再植功能恢复标准"被国际显微重建外科学术界公认为"陈氏标准"。他将显微外科技术创造性地运用并积极推广到骨科疑难病症的治疗中，在国际上获得了很高的声誉。

他严谨治学，为了能在显微镜下沉稳而灵活地缝合纤细的血管和神经，他一有空就钻到实验室里，选择大白鼠股动脉、兔耳朵进行缝合练习。经过近乎严苛的练习，他捏起比绣花针还纤细的手术针，在细如发丝的血管和神经间"穿针引线"。观摩陈中伟的手术已成为青年医生一门不请自来的业务自修科目。

他甘为人梯，为培养中国骨科、断肢再植和显微外科的接班人不遗余力。1982年，北美一本医学杂志邀请他撰写一篇关于"下肢再植"的专论。当时他把准备文稿的任务交给了曾炳芳医生，这可难住了这个年轻人，曾炳芳不敢贸然接受。陈中伟一面将文章的构思倾囊相授，一面意味深长地鼓励道："不要怕，只要好好地把我们的经验写出来就行。记住，我们怎么说，世界就认为应该这么说，因为我们走在世界的最前面！"

他敢于创新，从断手、断指到骨骼移植，再到人工电子假手，推陈出新，一次次跳出原有思维，创造了一个又一个医学奇迹，为患者"接起"了一个新世界。

■ 之江院士成长之路　明州俊杰

院士小传

陈中伟（1929—2004），浙江宁波人，骨科、显微外科专家，中国科学院学部委员（院士）。

陈中伟1954年毕业于上海同德医学院，1963年1月成功完成世界首例断肢再植手术，1970年成功完成断指再植手术，1996年又在国际上首创"手臂残端再造指控制的电子假手研究"。

陈中伟对离断肢体的保存、断肢（指）手术的操作规范、全身主要肌肉的血供、微小血管的缝接技术等基础课题开创性地作了系统研究，在国际上首创了断手再植和断指再植等方面的多项新技术，使断肢（指）再植的成活率从50%提高至90%，从而使我国的断肢（指）再植水平处于国际领先地位。

陈剑平

当院士，就是要做"头马"

一个探索者应始终走在前面，即便脚下的路充满艰难和孤独，但回过头来看身后的万家灯火，他会明白一切都值得。

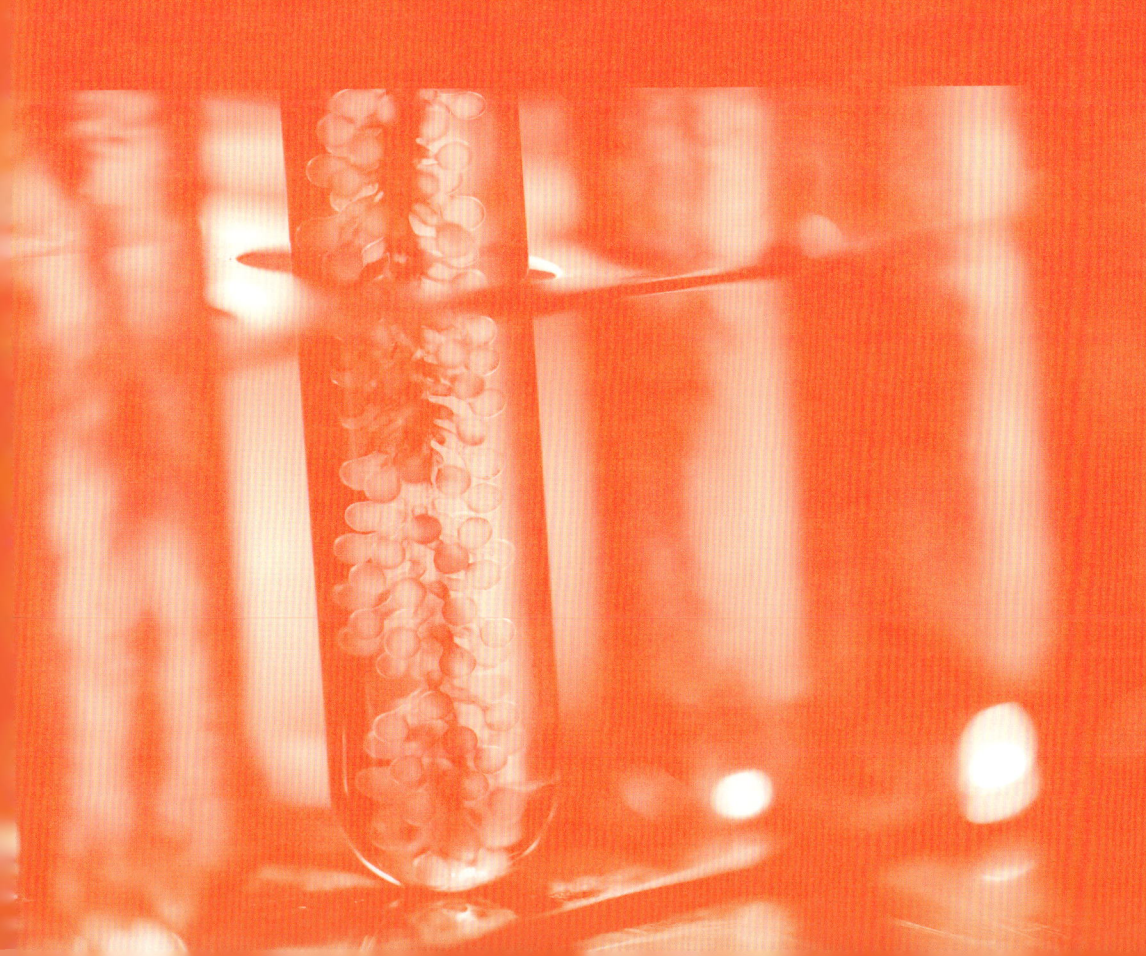

■ 之江院士成长之路 明州俊杰

在陈剑平的认知里，获得院士称号就像运动员站上领奖台得到奥运金牌，那一刻，标志着达到这个项目的最高水平，同时也意味着成绩已经过去。如果把获得金牌当成终点，那么，人生目标已经完成了，接下去节奏可以慢下来，强度可以减下来。但陈剑平不这样想，他觉得科学与体育一样，都是在努力探触人类能力的新边疆。艰难跋涉的路上能得到众人的肯定，是很大的温暖和荣耀，而真正的乐趣，必然来自探索本身。

探索，是浓厚的兴趣驱动着去做的事。不是每个人都能遇到自己真正的兴趣，并且还能坚持探究下去。

一路追溯过来会发现，在陈剑平每一个做出重要选择的人生当口，他都能听从自己内心的判断。小时候是被动跟随，因为当时没人能帮他去看到未来，但这也恰恰给足了他空间，让他能追着兴趣，充分释放自己的能量。

学以致用：解决了困扰世界30年的科学难题

陈剑平在宁波鄞州乡下长大。20世纪六七十年代，每家每户过得都拮据，但陈剑平发现村里的木匠不但能吃饱，而且天天有点心吃，这对一个读小学的孩子实在太有吸引力了。于是简单清晰的推理就建立起来：做木匠能吃好，那就学好木匠手艺。目标确定，问题也

陈剑平　当院士，就是要做"头马"

来了——他没钱买斧头和锯子。问妈妈要肯定没有，有也不会给。能天天吃到点心的梦想就这么结束了吗？当然不甘心。明确而清晰的目标让一个小男孩能调动他所有能力去观察思考，果然，他发现捡塑料纸、废铜烂铁、碎布条能卖钱，这样积少成多攒几个月，就够买到最便宜的木匠工具。自己挣来的，自己当然要好好学。强大的动力绝对能激发出一个人的潜能，结果是陈剑平在13岁就做出了第一把椅子。木匠师傅对这个小木匠啧啧称赞，逢人便说："陈剑平比我哪个徒弟都学得好！"

陈剑平心里不是没想过，就这么踏踏实实当个木匠过下去也挺好。直到有一年，邻居家的小哥哥考上了上海第二军医大学，这才真正打开了陈剑平通往广阔世界的大门。这个消息对他的刺激太大了，他此前从不知道人生还有这么一条路，能走出去，到上海去读大学，去更远、更丰富的地方。他马上就放下了手里的木匠活，开始全力读书。乡下的教育资源本就欠缺，再加上之前钻研木匠活没好好读过书，陈剑平考了两次才考取大学，进入了浙江农业大学（今浙江大学农业与生物技术学院）学习植物保护专业。

由此可见，一个人的眼界是多么重要。人生的起点低并不意味着不能拓宽眼界，但这需要在闭塞的环境中保持对外界的好奇心，并且要能够敏锐地捕捉信息。

一名木匠、一名同村大学生，深深影响了陈剑平的青少年阶段。

进入大学之后，到底朝着哪个方向去，还是要陈剑平主动去寻找自己的兴趣目标。

之江院士成长之路　明州俊杰

学植物保护和对植物保护感兴趣，不是一回事。大学四年，陈剑平并没有特别感兴趣的东西，他只是按部就班地学习。直到大学毕业，人生要他做出选择：是留校做党办秘书，还是到浙江省农业科学院从事科研工作？陈剑平这时才真正意识到自己的兴趣所在：不管学什么，都要学以致用去解决现实问题。他学的是植物保护，那么就去农科院研究植物病毒，解决长期困扰农民的病虫害问题。

20世纪八九十年代，中国经济迅速发展，市场日益繁荣。陈剑平的专业让他没有机会去接触热火朝天的经济市场，这反而让他排除外界干扰，专心追逐自己的兴趣。

国内的植物病毒专业当时与国际一流水平还有不小差距，陈剑平就到英国最古老也最前沿的农业研究机构——洛桑试验站去进修。原定一年时间的研究项目，他没日没夜地做实验，仅三个月就完成了，剩下九个月他准备去进行禾谷多黏菌介体内大麦和性花叶病毒的定位研究。这是当时的一个世界级难题，全球植物病毒学界还没人能解决。英国导师见陈剑平对此兴趣浓厚，便善意提醒他：没必要碰这一难题，还没人做出结果。陈剑平跟导师商量，出不出成果无所谓，重要的是能学到前沿知识，能体验科学难题到底有多难。

接下去的几个月，陈剑平制备了一万多张且每张只有50纳米的禾谷多黏菌超薄切片，用电子显微镜一张一张观察，他清晰准确地找到了禾谷多黏菌里面病毒粒子的图像。众多科学家三十年找不到的病毒，被陈剑平用不到一年的时间找到了，答案摆在那里，板上钉钉，无可置疑，国外同行口服心服。

陈剑平　当院士，就是要做"头马"

如果没有强烈的兴趣和好奇心，没人能耐得住这样艰苦的探索；而有了兴趣和好奇心，夜以继日工作的枯燥单调也令人甘之如饴。巨大的成功让初出茅庐的陈剑平看清了一个方向，他要去探索科学的奥秘。1992年，陈剑平又到苏格兰作物研究所深造，随后在英国邓迪大学获得博士学位。而他在洛桑试验站的重大科学发现也在1992年被国家科委评为"全国十大科技成就"，并于1995年获得国家科技进步奖一等奖。

工作中的陈剑平

家国情怀：既探索科学前沿，又解决实际问题

俗话说，三岁看老。陈剑平小时候基本上就形成了解决问题的逻辑：发现感兴趣的现象，从现象中分析目标，思考达到目标的方法，并找到自己能够实施的途径去实现。

去国外学习让他掌握了更多更扎实的办法，但这是途径，不是目标。光学不用，没有应用的地方，不解决实际问题，学习就没价值。一旦在国外掌握了知识和方法，他就要回来了。1995年，回国之后的陈剑平在浙江省农业科学院白手起家建立起植物病毒实验室，他的目标是解决中国粮食作物病毒病的问题。

掌握了扎实理论和先进方法的陈剑平回国以后在植物病毒研究领域成果不断，获得4个国家科技奖进步二等奖、10个省部级科技进步奖一等奖，他的团队也入选科技部优秀创新团队和农业农村部杰出人才创新团队。

眼见着获奖证书越堆越高，陈剑平又开始思索新的问题：作为科研人员，我把粮食作物的病虫害防治好了，农民种粮食的担忧没了，但是光靠种粮食，中国农民能富起来吗？除了能解决他们种地遇到的病虫害问题，我还能为他们做点什么呢？怎样才能让他们过上好日子，不用再出远门打工，一家人能在一起？这才是农业科学家应该去解决的核心问题。

新的目标又出现了。

陈剑平知道，要找到这些问题的答案，既要解决最微观的植物病毒问题，更要考虑乡村振兴的宏观农业问题。他开始大量学习、调研和思考。这个过程中，他发现他的时间不够用了，既要从事植物病毒研究，又要担任浙江省农业科学院院长，再加上宏观农业研究，什么都做就什么都做不好。

此时陈剑平又到了一个重要关口，要做出选择。最终，他选择辞去院长职务，于2017年底到宁波大学成立植物病毒学研究所和中国乡村政策与实践研究院，组建团队专心致志做好植物病毒研究和乡村振兴这两件事。

陈剑平始终知道，一名优秀科学家的本分是保持学术水平的先进，这不能只靠一个人，而是要有一支高水平的团队。宁波大学植物

陈剑平　当院士，就是要做"头马"

病毒学研究所建成后，引进50多名各类科研人员，自主培养了国家级、省部级青年人才13人，团队被评为"2022年度宁波市高校创新十佳团队"。

陈剑平领导的这个团队已获批承担209项国家、省部级各类科研项目，在国际科学期刊发表高水平论文345篇。团队在重要作物病毒致害、媒介昆虫传毒和健康土壤调控方面取得显著进展，阐明激素、甲基化修饰以及自噬等多种途径介导的病毒与作物间防御与反防御的调控关系，解析稻飞虱等媒介昆虫唾液蛋白组的传毒功能及褐飞虱雌性性别决定新的分子机制，揭示昆虫共生病毒及其在进化中的功能，研究走在世界前列。他本人也获得中国植物病理学会终身成就奖，入选全球前2%顶尖科学家终身科学影响力排行榜（1960—2023）。

如果说上述这些科研成果都太专业，难以读懂，那么换一个角度：团队创建以有益菌补给、根际增效、土壤生态调控和土壤提质为

陈剑平（左二）在东吴镇进行实地考察

之江院士成长之路 明州俊杰

主的土传病害生态防控技术和粮食作物病虫害绿色防控技术，在全国推广应用1.36亿亩次，挽回粮食损失77.7亿千克，相当于中国人十天的口粮，为国家粮食安全做出了重要贡献。这个成果获得了2022年度浙江省科技进步奖一等奖和2022—2023年度神农中华农业科技奖一等奖。

  同时，陈剑平还创建了省部共建农产品质量安全危害因子与风险防控国家重点实验室、农业农村部植保生物技术重点实验室以及浙江省绿色植保重点实验室。牵头的宁波大学生物学科入选浙江省一流学科（A类）建设序列，获批生物学一级博士学位点和生物学博士后科研流动站，培养了博士后19人，博士研究生89名，硕士研究生224人。近期，陈剑平在省部共建农产品质量安全危害因子与风险防控国家重点实验室的基础上，又联合中国农业科学院农业质量标准与检测技术研究所的优势团队，组建农产品质量安全全国重点实验室，竭尽全力把团队打造成国家战略科技力量，为"民以食为天"这个民生工程提供科技保障。

  如果说专业探索是陈剑平作为一名科学家的本分，那么为农民解决实际问题就是他的责任。

  在建设实验室的同时，陈剑平还担任了宁波市鄞州区东吴镇南村第一书记。他坚信只有到村子里去，才能在破解村庄整治改造、产业发展、农民增收、生活质量提升这些难题上有更清晰的思路。

  身在宁波大学，陈剑平提出"大学小镇"的构想，因为他始终认为，大学的一个重要责任就是为国家解决实际问题，为社会培养有用

陈剑平　当院士,就是要做"头马"

人才。他把宁波大学15个学院的130多位教师和研究生组织起来,让他们在东吴镇找到自己专业能够应用的结合点。东吴镇有西瓜、葡萄、茶叶、有机稻米等十余种农副产品,但是卖不出好价钱,宁波大学一经加入,就变成了东吴镇的"智库",各个专业的师生协同起来把这些特色农业资源进行整合,让它们更有辨识度,再研究深加工,就能让每亩产出更具效益。

陈剑平的探索,是为宁波、浙江乃至全国乡村振兴提供了一种可能。

探索,就意味着走在最前面。工作40多年来,陈剑平从未停止过探索,不仅自己,也带领团队一直在奔跑。因为只有更快,才能做得更多。

近代教育家、清华大学第一任校长罗家伦先生说过,做头马最累,它有照顾群体的责任和义务:白天别的马吃草,头马巡视四周,看有没有灾害、困难和危险;晚上别的马睡觉,头马每过一小时就起来转圈巡查。做头马不是享受权利,而是比别人累,比别人苦,得任劳任怨。

陈剑平,就是这样的"头马"。

之江院士成长之路　明州俊杰

精神闪耀

生在农村、长在农村，读的是农业大学，工作在农业科学院，陈剑平的人生始终与"农"字紧密相连。用一生做好"农业科学研究"这一件事，是陈剑平对科学研究的真情表白，也是他热切向往科学研究的真实写照。

"一个探索者应始终走在前面，即便脚下的路充满艰难和孤独，但回过头来看身后的万家灯火，他会明白一切都值得。"在陈剑平看来，一名科研工作者要坚持这种英雄主义和浪漫主义，而身为农科学子，更要坚持现实主义，让自己的科研成果真正回归大地，去解决农业和国民经济发展中的瓶颈与可持续问题。

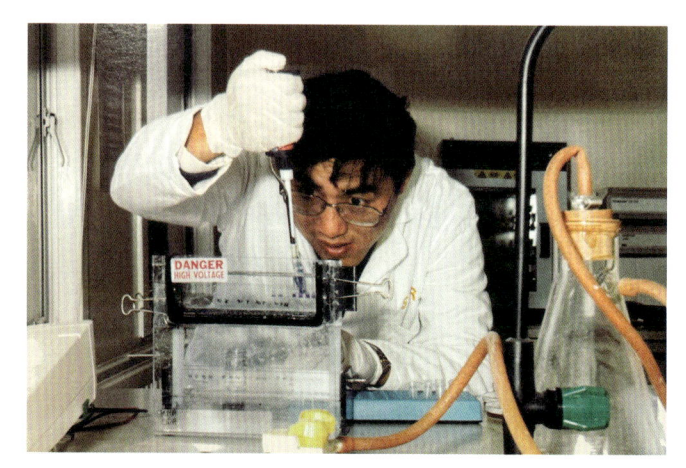

2002年，陈剑平在进行科研实验

陈剑平　当院士，就是要做"头马"

院士小传

陈剑平，1963年出生，浙江宁波人，植物病理学专家，中国工程院院士。

陈剑平1985年毕业于浙江农业大学植物保护系，1995年获英国邓迪大学植物病毒学博士学位，2007年被授予乌克兰国家农业大学荣誉博士学位，2011年当选为中国工程院院士。陈剑平曾任浙江省农业科学院院长、中国植物病理学会副理事长，现任宁波大学植物病毒学研究所所长、宁波大学中国乡村政策与实践研究院首席科学家、省部共建农产品质量安全危害因子与风险防控国家重点实验室主任，兼任中国植物保护学会理事长。

陈剑平长期从事植物病毒基础和应用研究，在植物病毒种类鉴定、病毒与禾谷多黏菌介体关系、病毒致病和植物抗病分子机制、病害发生规律和防控技术、脱毒植物组织培养苗种产业化等方面做了大量创新性的工作。

之江院士成长之路　明州俊杰

宁波大学

陈联寿

台风预报和科学研究

大气中的风暴,突发狂风暴雨怒潮,是人类的杀手,弄清其规律是我一生的梦想。

■ 之江院士成长之路　明州俊杰

青少年时代

陈联寿出生于浙江定海，童年随祖母生活，读完小学后，考入定海县立初级中学（今浙江省舟山中学）住读。国文课上，周老师告诉学生："我的学问就像学宫（旧指官办学校）前那口池塘里的水这么多，有的人拿着大桶来舀水，有的人只拿一把汤勺来舀水。你要舀多少水悉听尊便，就看你的本事（勤奋程度）了。"数学沈老师则这样开启她的几何课："你们学好了几何，就会做人有规矩，做事有条理，做题有思路。"有一次，他在学校勾破了一件夹克衫，便在县城买了一件新的，放假回家，伯父见了同他讲："学生穿破衣，变不了坏，穿新衣也变不了好。穿衣不重要，人品和读书最重要。"那时的这几句话，他终生不忘。

他毕业后来到了在上海工作的父母身边生活。上海的私立中学学费很贵，家里供不起；市立中学虽然声誉好、学费便宜，但很难考。父母考虑，他只在县城读过初中，未必能考进上海的市立高中，而且当时上海的中考已经结束，不如让他到一家熟人开的工厂去打工算了。

一天，他一边理发一边看报，无意间看到了上海市市立格致中学春季班补招生的广告。他按捺不住内心的激动，拿着报纸，跳下理发

陈联寿　台风预报和科学研究

椅就往外跑。他从第一弄的"龙记"理发店一路跑回第三弄的家中。母亲看到他身上围着理发的白布，满头肥皂沫，十分惊讶地问："你这是要做啥呀！出什么事了？"他指着报纸，上气不接下气地告诉母亲市立中学春季班要补招生了，希望家里能让他去报考。"没见过你这样痴的！"母亲失笑道，"快回去剃头，这事晚上再说。"

到了晚上，他没有睡着，听到父母商量此事，大意是，孩子既然想读书就让他去考考看吧，不考他不死心！

当时离招生考试只剩十天时间。第二天开始，他不再到弄堂里玩了，从早到晚一个人躲在晒台上读书、做题。他坐在一张小板凳上，用一张方凳做桌子，方凳上只能放一本书和半张纸。他就这样读语文，背英语，解几何、代数题，琢磨物理难题。

晒台上环境虽不好，时有邻居上来晒衣服，但在"七十二家房客"的上海，也算是一块"净土"了。上海的冬天阴瑟瑟、冷飕飕，给人失落感，但他一想到那张招生广告，心中就充满了希望和阳光。每天天黑收摊下楼时，他总感到心中很充实。

十天一眨眼就过去了，他前去考试。虽然年幼，未经多少世面，但心中还是能拎得清这次考试的分量。他隐隐感到，也许这就是人生中的一个分水岭。

考试结束，他觉得几何与代数考得不错，其他科目很难说。校方说有上千人报名考试，但只录取30人，所以也只能听天由命了。过了难熬的20天，学校终于发榜了。发榜当天早晨，他一早起床，还把妹妹拉起来，让她陪自己去看榜。到了校门口，向里朝东便是教学

■ 之江院士成长之路　明州俊杰

楼，中间的空地很小，南面是操场，北面是围墙，录取名单就贴在这堵墙上。他和妹妹站在广西路的校门外，看到围墙前站满了人，人声嘈杂。他对妹妹说："你进去帮我看看，我在门外等你。"

妹妹就独自从门房的小门进去了，艰难地挤进了人堆，又很快挤了出来，跑到校门栅栏处大声说："你自己进来看吧，我已经看到了！你排在前几个，我一抬头就看到了你的名字。"听到这话，他异常惊喜，梦想成了现实，他可以在这所名校读书了。

在家中，母亲把窗下一张小圆桌给他学习用。他用零花钱买了酒精灯、试管和烧瓶，用来做化学实验和蒸汽机发动实验。他还在房间里拉起了天线，组装矿石收音机，在小圆桌上画着圆弧和切线，把做出的几何题贴在床头墙上复习。

高二时，他看了一部苏联电影《俄罗斯航空之父》，影片的主人

上海市格致中学1874年建校，距今已有150多年的历史

陈联寿　台风预报和科学研究

公茹可夫斯基教授在一张薄纸的纸面上吹了一口气，薄纸就向上飘起，这表明比空气重的物体可以飞上天，并可以此解释伯努利定理。这部电影他看了一遍又一遍，如痴如醉。

高中读了两年半后，他就参加了高考，志愿填报了航空系，却被南京大学气象系录取。高考招生办的老师在一次考生答疑会上对他解释说："今年航空系不招应届生，保送志愿军就读。你报考航空系，是对空气动力学感兴趣吧？现在照顾你的志愿，去气象系读大气动力学吧。"

于是，他去南京大学读了气象系。他入学后才知气象中有太多大气中的力学和热力学科学问题，尤其是关于大气中的涡旋，它和天灾人命紧密联系，但当时缺少科学探索。

1957年，南京大学毕业时，组织上把他分配到北京中央气象科学研究所气象台（即中央气象台）工作。

台风机理研究

他每天的工作是分析天气图，监测灾害性天气系统的生成、发展和运动，尤其重要的是监视西太平洋和南海的台风。

全球七大洋，西北太平洋的热带气旋（台风）最多，每年平均生成26个，灾害深重。北印度洋（含孟加拉湾和阿拉伯海）最少，年平均才4.8个。孟加拉湾的风暴要么不来，一来往往就引起孟加拉湾大陆架浅海特强风暴潮，造成一片汪洋，死伤无数。

之江院士成长之路　明州俊杰

西北太平洋上的台风往往会出现中心附近13~16级狂风，登陆后有时可下上千毫米的特大暴雨，突发数米高的暴潮。台风会刮翻巨轮，或将巨轮搁置在半山腰，它还会折断桥梁，冲毁水库，扭断树木电杆，掀翻房屋楼宇，给生命和财产带来巨大灾难。

在工作中，他对台风机理产生了浓厚兴趣。他利用业余时间，把各个台风的实况、关键演变、机理分析和灾害特征做成卡片档案，并仔细分析，写成热带气旋讲义，先后在杭州大学（后并入浙江大学）、南京大学、北京大学讲课。通过与有关省气象业务部门、院校专家合作和代号为"TOPEX"的国际台风业务试验，他发表了多篇工作报告、论文和专著。

1982年春，他应国际著名飓风专家比尔·格雷教授的邀请赴美，在科罗拉多州立大学做台风研究。他与格雷教授合作，利用"第一次全球大气试验"（FGGE）资料研究热带气旋高空流出气流对气旋强度变化的影响。

1984年秋，他回国后合作研制了动态显示电视天气预报业务系统，并对中央气象台天气预报会商室作了功能设计和改造。之后不久，他被调到中国气象科学研究院工作，继续从事台风研究。

台风运动受到大尺度气流引导，但台风的异常运动、运动和强度的突变、台风残涡复苏和暴雨突发都是预报难题。在代号为"SPECTRUM"的台风特殊试验和"八五"攻关项目中，他与气象学家罗哲贤教授、徐祥德教授合作研究了台风路径突变和强度变化等机理。

台风环流系统内部结构，尤其是台风涡旋内部风场、气压场的不

陈联寿　台风预报和科学研究

对称结构，对运动有显著影响。当环境引导场减弱时，内部影响会明显地显示出来。

台风是一个复杂的大气环流系统，它的结构、运动、生消、强弱均与周围环境相互作用有关。热带涡旋移到暖海面时会加强，强风暴移到冷海面时会减弱；台风在海洋上停留少动，强度会减弱；沙尘密度大的海面上空不利于热带气旋生成；冷水层上翻的海面，将使台风减弱；台风遇到沙尘暴将减弱或消失；台风遇到地震，降水可能加强；台风遇到火山喷发，台风眼区可能因水汽蒸发而使风暴消亡；梅雨持续稳定期，台风不易发生，如有南海台风发生并加强，这是梅雨中止的信号；登陆台风残涡的复苏，可能会产生特大暴雨；台风与中纬度槽的相互作用会产生台风远距离暴雨；台风前方因强辐合和能量汇集，而生成台前飑线，并突发强暴雨。

国家科技部和自然科学基金的一些科研计划、85—906项目、登陆台风灾害专项、973科研计划、国家自然科学基金面上项目和重点项目使台风研究得以发展。

动态显示预报系统的应用

1984年10月，他带领6人团队攻克难关，设计并研制成功动态显示电视天气预报系统，该系统由中央气象台制作，中央电视台播放，于1986年汛期投入业务试运行，把天气预报、台风警报、紧急警报一天多次发送到全国各地、千家万户。电视天气预报科学性强、

之江院士成长之路 明州俊杰

信息量大、内容生动，深受各行各业和百姓的喜爱，使气象服务开拓出一个新的局面。该系统于1986年10月1日正式运行，国家气象中心以6人团队为基础成立了声像室，这就是今天华风气象传媒集团的前身。到今天，动态显示天气预报系统已连续业务应用39年，为国家防灾减灾作出了重大贡献。

1987年5—6月，我国东北大兴安岭发生连烧近一个月的森林火灾。火点有几个？分布在哪里？由于火灾现场烟雾弥漫，飞机和瞭望塔都难以看清，但该系统红外遥感卫星云图可以将火点及其分布看得清清楚楚，对扑火救灾起到了关键作用。1986年第7号超强台风（Peggy）到达南海，广东省相关部门看到该系统发布的台风活动云图，紧急下令让当时在南海北部的3000条渔船立即返港，同时，还加固了龙井水库，并提前收割了早稻。过了两天，台风果然在广东登陆，由于措施及时，海上未死一人，水库和早稻也得到了保护。

该系统在中央气象台实施后，全国各地气象部门都仿效引进，从而使全国各地的气象服务出现了崭新的面貌。

青藏高原大气科学试验

该项目全称为"青藏高原地-气系统物理过程及其对全球气候和中国灾害性天气影响的观测和理论研究"，是第二次中国青藏高原大气科学试验，代号"TIPEX"，被列入我国国家基础性研究重大项目计划攀登计划。国家科委聘请陶诗言院士和他共同担任项目首席科学家。

陈联寿　台风预报和科学研究

青藏高原是我国最有特色的大地形，它的动力热力过程和特殊的大气边界层结构对全球和中国气候以及季风和梅雨相关的灾害性天气有重要影响，尤其对中国，乃至亚洲的季风活动、雨季形成和台风活动，特别是孟加拉湾风暴活动均有密切联系。

这次试验由徐祥德协助制订方案和相关的组织工作。试验选定高原上的当雄、改则、昌都三站，于1998年5—8月实施加密观测，并整编试验结果形成数据库。在试验期间，一个以著名气象学家理查德·A.安赛斯教授为组长的美国专家组考察了高原气象，安赛斯教授就高原地形如何影响天气等问题采访了他和项目组其他成员，双方还深入讨论了高原地形对东亚季风和梅雨的形成以及暴雨等自然灾害的影响。

1998年8月6日，已高烧一天的他安排好试验，准备返回。半夜12点，他和项目顾问徐建伟及3名中央电视台记者乘坐一辆越野吉普前往昌都机场。途中，吉普车在暴雨中行驶在青藏高原狭窄的盘山公路上，右边是万丈高山峭壁，左边是深不见底的峡谷，一路险象环生。突然，后方传来一声巨响，响声在山峦间轰鸣回转。原来，车后方发生了山体塌方和泥石流。正当大家以为万幸躲过了此劫时，前方又传来一声更令人毛骨悚然的巨响——前面的山体发生了更大规模的塌方！凌晨4点，车子在高山峻岭前后两堆塌方和泥石流中动弹不得，直到东方发白，夜雨渐小，这才由机场派来的水泥车接应。从吉普车上转移到水泥车上，每个人都要跨过那堆深及大腿的石块和泥浆。每跨一步，就要拔出泥腿，再往前插入泥浆，如此一步复一步，艰难异常。他带着病体，再加上高原缺氧，很快便气短呼吸急促，耗尽体力，好在最后逃出了塌方险境，抵达机场。

三个试验基地的人员都是克服高原反应和不同艰难困苦后才完成了高原试验任务。到家后，陈联寿见到了因骨折卧床不起的父亲。父亲惊讶地问道："这些天我到处找不到你人，你去哪里了！"他拉着父亲的手说："我前天半夜去了天边，能回来真是想不到。"他瞒了病父，出了远门，心里很是对不起。

陈联寿与夫人合影

担任申奥气象陈述人

21世纪初，中国都在为申办2008年奥运会而努力。气象保障是奥运会顺利召开的非常重要的一个方面。当国际奥委会评估团来北京考评举办奥运会的条件时，中国气象局党组指定他为奥运会中国气象服务保障的陈述人。

2001年2月23日，他在国家气象中心会商室向国际奥委会评估团、中国奥申委领导、北京市政府领导、中国气象局领导、两位女子世界冠军形象大使以及媒体记者作了题为《2008年奥运会气象预报服务和保障》的英文报告。报告结束后，评估团团长和多名评估团成员先后提问，其中有几个问题很尖锐，例如："怎样保证开幕式当天天气预报的准确性？""开幕式当晚，露天会场坐满了观众，包括中国和其他各国领导人，这时突然下起了雨，你们怎么办？""有些项目不能在雨中进行，你们人工影响降雨的技术和经验怎样？"他逐条地回答了所有问题，据事后报纸报道，评估团对此表示满意，评估团团长海因·维尔布鲁根还竖起大拇指，称赞这是一个很好的报告，气象保障是奥运会非常重要的一个方面。

国际科技合作

国际科技合作对技术交流、开阔思路、提高研究水平起着至关重要的作用。1980年10月，中国第一个国际台风研讨会在上海锦江饭店举行，会议名称为"台风专题讨论会"。会议由亚太经社理事会和世界气象组织台风委员会举办，美国、英国、澳大利亚、苏联、新西兰、日本、菲律宾、泰国等十多个国家和地区的气象专家出席了会议。陈联寿由组委会指定作第一个英文报告，题为《中国台风研究与业务预报综述》。此后，中国专家主持和参加了台风业务试验和台风异常路径科学试验等一系列国际台风学术会议。

他曾担任国际科联世界数据中心中国分中心气象学科主任，协调各领域数据整编和信息交换。他也是国家气象部门最初参加世界气象组织台风委员会届会的代表之一，并担任台风委员会台风年报编委长达10年。

之江院士成长之路 明州俊杰

他在世界气象组织当选为2002—2010年热带气象研究工作组主席。在2007年届会上，他将国际热带气象研究精简为两部分——热带气旋和季风，设立相应两个系列性国际会议，即国际热带气旋大会和国际季风大会。他在热带气象研究工作组主席任期内多次在国际气象培训班讲课，并多次举办和主持有关热带气旋的国际会议。他的一个提案——成立第一个与台风相关的世界气象组织预报示范项目，获世界气象组织大气科学委员会批准立项，该项目由上海台风研究所承担。

陈联寿（右二）主持世界气象组织热带气旋预报培训研讨班并讲课

陈联寿（右）与澳大利亚气象专家加里·福利共同担任第四届热带气旋国际学术会会议主席

热带气象研究工作组负责台风和季风研究组织和学术交流的计划和安排。季风专项由张智北教授负责。国际热带气旋大会宗旨是把世界上有代表性的研究专家和预报专家聚集一堂，讨论台风科研最新成就和台风预报当前水平，并讨论研究成果向业务转化和未来4年台风的研究方向。他是首届（1985年）国际热带气旋大会5人组委会的成员，以后连续几届他继续任组委会委员、专题主席和大会共同主席。国际热带气旋大会每4年一届，至今已召开10届。

中国工程院还和中国气象局以及世界气象组织联合召开过一次有关台风突变的国际高端学术论坛，会议名称是"国际热带气旋突变现象高端论坛"，他主持了会议，并有一百余位中外专家参加了会议。各国科学家就这一台风预报难题发表了各自的论点。会议还出版了这次国际台风学术会议的论文集。

人才培养

陈联寿很重视人才培养与学术交流。他每年只招收一名研究生，至今已接收过硕士生、博士生、博士后、访问学者48人，他们毕业或出站后去不同单位工作，目前被评为正高级研究员的有18人，其中国家二级研究员（或教授）10人，担任北京大学等大学授课教授的有2人，被评为"中国优秀女青年科学家"的有2人，"国家杰出青年科学基金"获得者1人，被授予"大国工匠"荣誉的有1人，享受国务院政府特殊津贴专家有3人，担任中国气象局首席预报员的有5人，成为省部级科技领军人才的有3人。如今，他们以其高尚的人品和独到的技术，正在为国家气象事业的发展努力工作！

执笔：陈联寿

之江院士成长之路　明州俊杰

院士小传

陈联寿出生于浙江定海，从事热带气旋（台风）预报和科学研究，中国工程院院士。

他毕业于南京大学气象学系，分配到中央气象科学研究所气象台工作。1991年组织上调他到中国气象科学研究院工作，继续从事台风研究。他长期从事天气动力和热带气旋的预报和研究，提出台风非对称结构对其运动影响的机理以及不同尺度环流系统相互作用对台风运动、强度和降水的影响机理，提出有关台风路径强度和暴雨突变机理等论点。主持并研制了全国电视天气预报动态显示业务系统，对台风等灾害性天气防灾减灾做出了贡献。主持并实施天气预报会商室功能设计和改造，使其首次具有图像检索、数据加工处理、传输分发等功能。

主持中国第二次青藏高原大气科学试验，国家科委聘任陶诗言院士和他共同担任项目首席科学家，选定3个试验点，共同完成了试验任务。

陈联寿　台风预报和科学研究

　　曾当选为世界气象组织热带气象研究工作组主席，组织和推动了国际台风等科研合作，并对前期国际台风大会和国际季风大会的举办起了组织作用。曾多次担任国际热带气旋学术会议主席，并多次在国际台风培训班上讲课。

　　他曾任中国气象学会副理事长，国家气象中心副主任、中国气象科学研究院院长等职。他研究论文和著作丰硕，曾多次获国家级和省部级科技进步奖以及国际和国内多种奖励。

陈联寿主持由中国工程院、中国气象局及世界气象组织联合主办的台风突变国际高端学术论坛

执笔：陈联寿

之江院士成长之路 明州俊杰

2008年北京奥运会开幕式

陈敬熊

电磁场理论与天线技术专家

我们要始终听党话、跟党走，建设科技强国，要靠一代代科技工作者接续奋斗。

■ 之江院士成长之路　明州俊杰

　　陈敬熊为国防现代化建设作出了突出贡献。抗美援朝期间，他取得的关于军用短波天线的研究成果，帮助志愿军解决了坑道战的通信难题，为传递军情赢得宝贵的时间；他为我国第一代地地导弹"东风一号"的天线研制奠定了理论基础，让导弹拥有了锐利的"眼睛"；在他的领导下，我国第一代地空导弹武器系统"红旗一号"制导站天线实现性能飞跃；他为祖国培养了大批优秀人才，被称作"航天事业育苗人"。

"工程报国"，以梦为马

　　1921年10月16日，陈敬熊出生于浙江省镇海县（今宁波市镇海区），父辈经营纸张生意，家境殷实。

　　1928年，7岁的陈敬熊进入当地私塾读书。1935年，为了接受新式教育，14岁的陈敬熊被父亲送到宁波上学。1938年夏天，陈敬熊全家移居上海，他也转至上海继续求学。

　　陈敬熊的求学之路颇为艰辛，他先后在两所小学、两所初中和两所高中就读，其间还因为抗日战争两度失学。陈敬熊在鄞县私立效实中学上海分校（今上海理工大学附属储能中学）念书时，日军发起的惨无人道的侵华战争打破了他平静的校园生活。国家有难，陈敬熊满心愤懑，他在作文中写道："想进入中国，去你的吧！要占领中国，

陈敬熊　电磁场理论与天线技术专家

比登月还难!"他发现中国之所以"落后挨打",关键原因就是科技落后,于是,一个学习工科、"工程报国"的梦想,慢慢在他心中升腾。

少年时期的陈敬熊在数学方面展现出过人的天赋,每次考试基本都是满分。当时,他自学了学校还没有讲授的微积分。1943年,凭借优异的成绩,他考入上海大同大学电机工程系(后因全国高校院系调整,其机械系和电机工程系并入交通大学)。1947年,大学毕业后他被分配到"国民政府交通部"第二区(苏、浙、皖)电信管理局工作。因依然对学业充满渴望,不甘做碌碌无为的"接线员",1948年10月,陈敬熊考取交通大学电信研究所的研究生,在导师张钟俊教授和指导老师陈季丹教授的指导下完成了毕业论文——《有空隙的圆锥振子天线》。

1950年,陈敬熊从交通大学电信研究所毕业后,和同学熊继衮一起被分配到华东邮电管理局工作。在他们看来,这份工作不能发挥他们的专业所学,于是经推荐,1950年8月,他们被调往邮电部第一研究所,从事通信天线设计。这也成为他一生中最为重要的转折点。

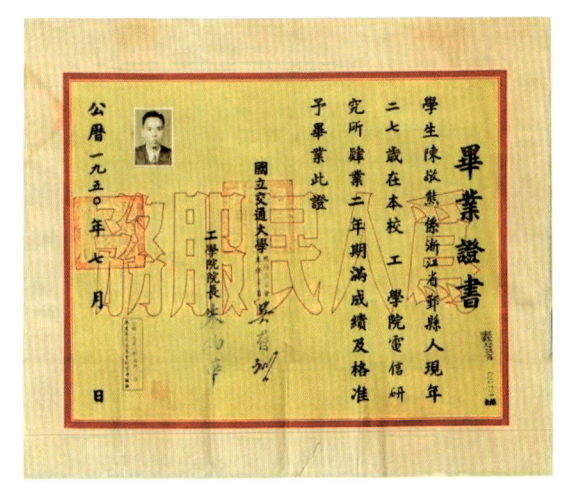

陈敬熊的研究生毕业证书

之江院士成长之路　明州俊杰

抗美援朝期间，为了解决志愿军部队在坑道作战时的通信问题，陈敬熊与同事们一起承担了地表面波传播及架于贴近地面或埋入地下军用短波天线的研究工作。在没有资料可以借鉴的情况下，他通过理论推导和实验核实，解决了特殊天线常数、输入阻抗、方向图及传捕特性等系列关键问题，为军事通信天线提供了设计依据；成功带领小组成员解决战士在坑道中使用步话机进行通信汇报时天线的方向调整问题，为志愿军及时传递军情赢得了宝贵的时间。

从一个初出茅庐的毕业生，成为一位可以独当一面的科研专家，陈敬熊将自己的所学所知奉献给了祖国，为祖国的科技事业发展奋斗终生。

1957年，由于发展的需要，中央决定成立国防部第五研究院二分院（今中国航天科工集团二院）。陈敬熊服从组织安排，调入二分院工作，从此开始从事他毕生热爱的航天科研事业，成为新中国航天事业的开拓者之一。

陈敬熊刚刚进入航天领域，便迎来了一项重大工程——研究"1059"导弹天线。"1059"导弹是以苏联"P-2"导弹为原型、结合国内实际仿制的第一代国产导弹，而陈敬熊研制的"1059"导弹天线，是导弹的"眼睛"和"指挥棒"。

研制之初，苏联派专家来中国进行指导，1960年中苏关系破裂，苏方专家纷纷回国，陈敬熊顶着压力继续研究。他打破苏方专家的理论限定，创造性地提出了"麦克斯韦方程直接求解法"，解决了导弹天线研制中的关键问题。陈敬熊的这一革新成为新中国科技工作者自

陈敬熊　电磁场理论与天线技术专家

主创新的典范之一。同年11月,"1059"导弹在中国大地上成功发射,这枚被研制人员称为"争气弹"的导弹,是我国自主制造的第一枚导弹,也就是大家所熟知的"东风一号"。

在研制"1059"导弹的同时,国家还开展了另一项代号为"543"的地空导弹仿制工作。国产"543"导弹定型后被命名为"红旗一号"。当时,美国利用U-2高空侦察机肆意侵入我国领空进行挑衅,威胁我国国土安全。钱学森约见陈敬熊,点名由他负责组织攻关小组攻关"543"制导站天线系统误差问题。终于,在1966年1月的一天夜里,关键问题解决了,生产出来的24部配套"543"导弹的天线性能超越苏联同型号天线。陈敬熊领导的攻关小组在这次制导站天线设计中取得的创新性成果被沿用到"红旗二号"导弹和"红旗二号甲"导弹天线的生产之中,前者于1967年首次击落U-2高空侦察机,担负起了保卫祖国领空的神圣职责。

正在阅读的陈敬熊

此后，在我国空天防御系统研制的起步期，陈敬熊又取得了一系列重要研究成果，其中多项技术成果填补了国内空白。

奖掖后学，不遗余力

十年树木，百年树人。陈敬熊深深理解这句话对于中国科技事业发展的重要性，因为他真切感受到我国的航天科技从无到有、从小到大、从弱到强的这几十年"走得有多么艰难"，每一个型号的研制、定型都凝聚着众多一线科技人员的心血，有的人甚至还为此付出了生命的代价。

在陈敬熊看来，科技事业要兴旺发达，必须后继有人。在对年轻科技人员人的培养中，陈敬熊特别注重将航天实践中总结出来的各种科研经验、知识传授给他们。他认为只有这样，科技接力棒才能一代一代地传下去。

中国航天科工建院初期人才极度匮乏，当时陈敬熊第一个提出"导师带徒"的人才培养方法。对有技术基础的徒弟，他鼓励他们勇于实践；对没有专业知识基础的徒弟，他则手把手地教。在因材施教的培养下，他培养出一批青年技术骨干，其中一些优秀学生更是成长为技术专家。

不过，做他的学生可不容易。学生们都知道"陈老师"的脾气，不该出错的公式推演如果算不准确，陈敬熊会毫不客气地当面予以批评。在学术问题上，陈敬熊从来不留情面。

陈敬熊　电磁场理论与天线技术专家

有学生回忆道，一向坚持原则的陈敬熊对毕业论文的审查和答辩要求也十分严格。他深知航天无小事，从表面上看，通过毕业论文答辩只是为了拿到毕业证，而实际上，论文的质量却直接关系到航天科研工作，甚至其中的一个公式都可能影响到某项科研产品的精确程度。

陈敬熊经常说："未来的发展靠年轻人，不妨做个伯乐，为年轻人创造条件。"在长期的科研工作中，陈敬熊总结了一套适合航天事业发展的理论和经验，他将这些理论和经验毫无保留地传授给了年轻科技人员，为我国航天事业的发展点燃科技之火，正应了那句"春蚕到死丝方尽，蜡炬成灰泪始干"。这种风骨，是共产党人永不褪色的精神底色。

陈敬熊夫人为其佩戴国家技术发明奖一等奖奖章

之江院士成长之路 明州俊杰

精神闪耀

陈敬熊手捧鲜花

对待学术问题，陈敬熊从来不迷信权威，不唯书，只唯实。在研制"东风一号"导弹天线的过程中，"赫兹势位法"是当时应用广泛、较为成熟的算法，不少同行认为想要挑战权威"简直是天方夜谭"。但陈敬熊不畏权威，以"初生牛犊不怕虎"的闯劲，探索未知、开拓新域，创造性地提出了"麦克斯韦方程直接求解法"。

在陈敬熊的身上，我们看到了心怀祖国、服务人民的爱国精神。他用实际行动诠释了科学家精神，他对理想信念的坚守、对科学真理的追求，既感召着科技工作者艰苦奋斗，也激励着千千万万怀揣梦想的年轻人开拓进取。他的崇高品德、科学精神和突出成就，永远闪耀在浩瀚苍穹。

陈敬熊　**电磁场理论与天线技术专家**

院士小传

陈敬熊（1921—2022），浙江宁波人，电磁场理论和天线设计专家，中国工程院院士。

陈敬熊1947年于上海大同大学电机工程系本科毕业，1950年6月于交通大学电信研究所硕士研究生毕业。陈敬熊历任国防部第五研究院二分院第三设计部副主任、第七机械工业部第二研究院二十三所副所长。1995年，陈敬熊当选为中国工程院院士。

陈敬熊是我国天线理论和制导雷达天线设计的主要开拓者之一，开创性地提出了"麦克斯韦方程直接求解法"，解决了我国第一代地空导弹武器系统天线的关键技术问题，为我国电磁场理论与微波技术的发展作出了重大贡献。

陈敬熊曾获"中国航天事业50年杰出贡献奖"、"庆祝中华人民共和国成立70周年"纪念章等。

之江院士成长之路　明州俊杰

陈敬熊手迹

陈肇元

延长土建结构工程使用寿命的先行者

对我们搞科研的人来说,还要有适当的超前意识,能够适当地超前看到社会和国家的需要。

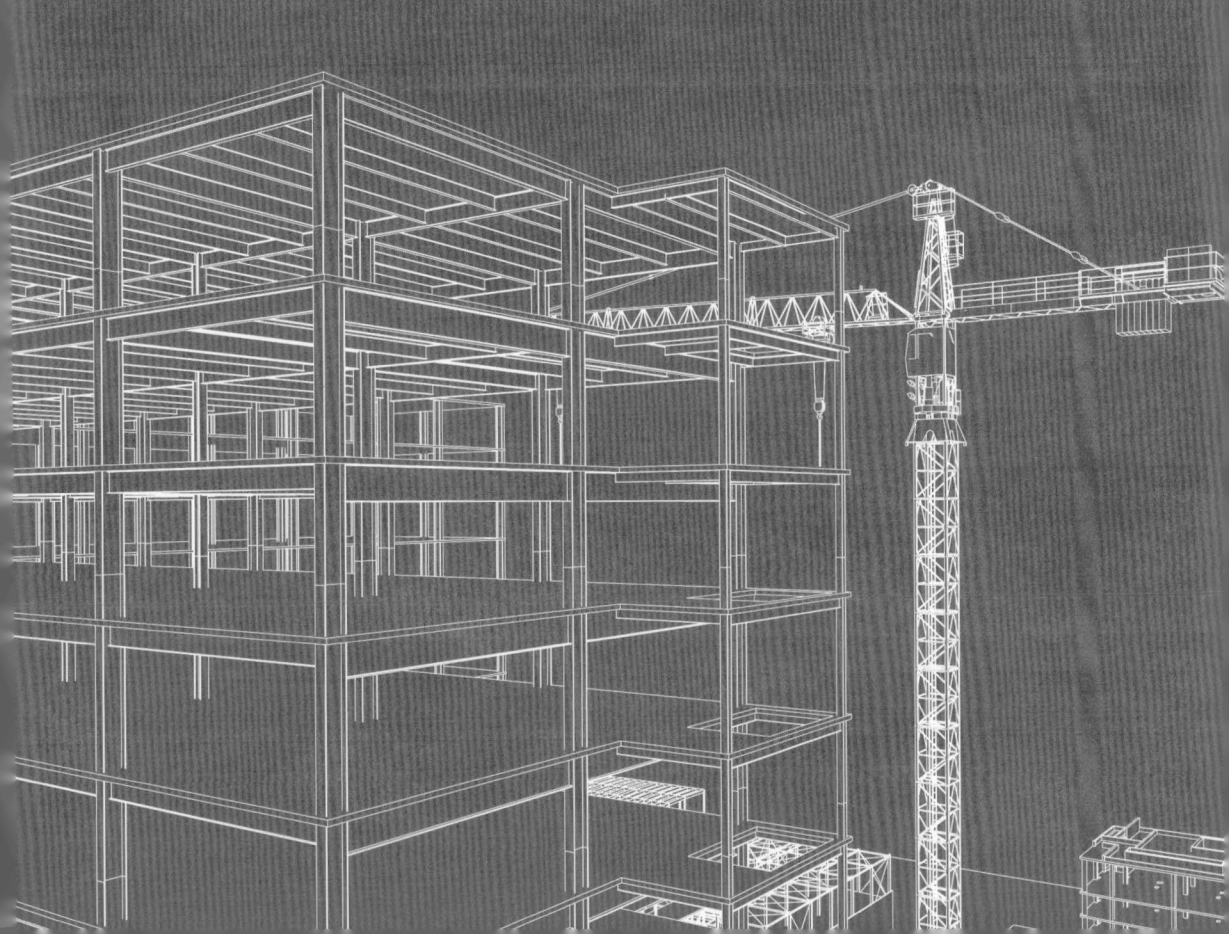

■ 之江院士成长之路　明州俊杰

1931年，陈肇元出生于浙江省宁波市一户普通的职员家庭。他的童年可以用"动荡"二字概括，在战火纷飞、风雨飘摇的日子里，他饱尝颠沛流离之苦。然而，正是这种艰苦的生活，磨炼了陈肇元坚忍不拔、低调质朴的精神品格。

岁月：动荡中的坚持

1941年，日军占领宁波，陈肇元跟随家人逃难，他小学和初中的大部分时间都是在宁波乡下和沦陷区度过的。在辗转求学的过程中，他目睹了国人受日军压迫的痛苦。

1945年，随着抗日战争的胜利，陈肇元转学到了战后复校的私立效实中学（今宁波效实中学）高中部。那时的效实中学已有44年的办学历史，以学风严谨著称，有不少名扬江浙的老师，如蔡曾祜、李贞旋(庆坤)、纪挺芳、叶建之等。效实中学秉持"以施实学为主旨，作鼎革之先声"的办学宗旨，强调学生的课外自学和全面发展，特别重视数理化和英语。当时，效实中学让学生看的

陈肇元效实中学入学档案存根

陈肇元　延长土建结构工程使用寿命的先行者

数理化参考书多是国内影印的美国大学一年级教材，是全英文的。蔡曾祜先生在学生中威信最高，他严谨的教学态度对于陈肇元这样尚未涉足社会的学生来说，榜样的影响十分深刻。高中时期，班上同学之间流传进步书刊，陈肇元常常捧着美国记者埃德加·斯诺写的《西行漫记》（《红星照耀中国》的曾译名）。从书里，他了解到陕甘宁边区的实际情况。像埃德加·斯诺一样，那时的陈肇元也"从事过新闻工作"，他和班上的同学一起编辑过油印期刊和墙报《北斗河》，在方寸间留下了进步的文字。

1949年夏天，正值宁波解放，陈肇元从效实中学毕业。当时考大学不像如今是全国统考，江浙两省的考生一般都就近选择到上海参加考试。经过战争的摧残，那时的中国大地满目疮痍，铁路、水路中断，陈肇元只能乘坐破旧的长途汽车前往上海。一旦遇到被炸得坑坑洼洼的地段，他就要下车，靠自己随身携带的一根扁担，一头挑着箱子，另一头挑着包袱步行通过。一旦遇到飞机轰炸，还得设法躲避，所以漫长的夜晚没有人敢闭上眼安心睡觉，一车人都只能在路边坐着熬一夜。

陈肇元就这样来到了上海，他以优异的成绩考取了包括清华大学、交通大学在内的10所大学，但他最终选择了中国纺织工学院（今东华大学）。1950年，他想到中华人民共和国成立后总要大搞建设，需要土木人才，于是参加了考试，转学到清华大学，成为清华大学土木工程系的一名大二学生。

之江院士成长之路　明州俊杰

1982年，陈肇元回到母校清华大学

从宁波到上海，再到北京，陈肇元开始了在清华大学土木工程系的求学生涯。

潜心科研：顺应时代的需要

"我在科研中取得了些微成绩，最主要的一个原因，大概在于工作中愿意尽量多花力气，能够紧跟工程建设的发展需求并预计到需求的所在。"谈及成绩，陈肇元曾谦虚地说，"从事工程技术而非单纯从事理论探索的人，更要紧跟时代的需求。"

毕业后，陈肇元被分配留校工作，在土木工程系任教。20世纪60年代初，上级安排陈肇元作防护工程方面的研究，他二话不说就

陈肇元　延长土建结构工程使用寿命的先行者

开始了工作。那时我国对防护工程进行研究主要是为了抵御核爆炸的冲击，减缓冲击波对建筑工程的损害，陈肇元便以此为研究方向，对冲击荷载作用下的力学性能测试展开研究。

陈肇元是学土木专业出身的，研发快速加载和测试技术对他来说是一个考验。阅读外文资料、设计和绘制加工图成为他的"家常便饭"。除此之外，他还要到工厂组织加工和装配。实验所需的设备、零件和高压氮气瓶都是他自己骑着

工作中的陈肇元

三轮车一趟趟来回搬运的……诸如此类的事情，他都亲力亲为。

由于研究急需模拟爆炸荷载作用下的快速加载设备，陈肇元便与课题组的张达成、陶全心老师一起反复研究。陈肇元画原理图，张达成画机械零件图，一张张图纸"填补"了技术的空白——当时国内没有相关的经验介绍，也不具备生产能力，更无法进行生产。但功夫不负苦心人，在他们的努力下，以高压气体为动力，加载能力为5吨至200吨的5种不同吨位的快速加载试验机陆续研制成功。这批快速加载试验机能够进行工程材料的拉、压试验，是国内首批模拟爆炸荷载作用下的快速加载设备。

131

设备研制成功后，他们更是迫不及待地用这些设备做了大量的动力反应试验，取得了许多重大研究成果。此后，我国国防工程、人民防空工程的设计规范和涉及易燃易爆生产厂房仓库等的设计规程中，频频出现他们的成果。

20世纪80年代前后，国内开始大规模新建工程，对高层建筑、大跨度桥梁的需求量很大，高强混凝土具有广泛的应用前景。陈肇元敏锐地察觉到了时代的变化，他在中国土木工程学会中发起成立了高强混凝土委员会（今高强与高性能混凝土委员会），组织编写了《高强混凝土结构设计与施工指南》（第一、第二版），取得了可观的社会效益和工程效益。

到了20世纪90年代前后，城市建设向空间和地下延伸，高层建筑和地下工程兴起。高层建筑的建设需要深埋基础、开挖基坑，陈肇元就此对基坑的土钉支护技术和地铁工程结构设计进行了研究。

他主持编写出版了多本具有极大影响力的设计施工规程和指南，如《高强混凝土结构技术规程》和《基坑土钉支护技术规程》；他为广州地铁一号线编写了《广州地铁一号线车站基坑支护综述》《广州地铁混凝土结构裂缝分析与试验》等10余份总结，总计约60万字。

凭借在防护工程、高强混凝土结构、地下工程等领域取得的成绩，1997年，陈肇元当选为中国工程院院士。

陈肇元　延长土建结构工程使用寿命的先行者

精神闪耀

2020年6月，清华大学土木水利学院网站上发布了陈肇元离世的讣告，引发国人对他的无尽追思。在清华园的时光画卷里，永远有这样一幅画面——作为我国土木工程的开拓者，陈肇元骑着一辆老自行车，低调地穿梭于教学楼、实验室和宿舍之间。

一部科学史，就是一部科学家的精神史。从陈肇元身上，我们看到了科技工作者共同的精神内核——胸怀祖国、矢志创新。从国防、人防工程到地铁、城市高层建筑等，陈肇元一直在土木工程领域默默耕耘，在工程抗爆、竹木结构、高强与高性能混凝土结构、混凝土耐久性等领域作出了卓越贡献，填补了许多项国内技术空白，深深影响着土木工程的发展。

回顾陈肇元的学术生涯，洞悉社会需求是他走在学术前沿的关键，立足于国家需要是他保持旺盛求知欲与工作热情的原因，他的爱国情怀体现在这些他口中"平凡"的科研工作里。他说自己不是英雄，但就是千千万万像他一样"普通"的科研工作者，坚定胸怀祖国、服务人民的爱国精神，涵养淡泊名利、潜心研究的奉献精神，为祖国的科技发展燃烧自己，作出贡献。他们和陈肇元一样，大步坚定地向前走，不问得失，不计成本，将智慧和汗水洒在脚下的这片大地上。

之江院士成长之路　明州俊杰

院士小传

陈肇元（1931—2020），浙江宁波人，土木结构工程和防护工程专家，中国工程院院士。

陈肇元1952年毕业于清华大学土木工程系并留校任教，历任助教、讲师、副教授、教授、博士生导师、土木工程系主任。他长期从事防护结构性能与设计方法的理论与实验研究以及混凝土结构性能的研究，取得的诸多成果纳入国家设计规范或用于重要工程，在研究推广现代高强与高性能混凝土技术和基坑土钉支护技术，并编制相应结构设计施工规程的工作中也取得了显著成绩。

陈肇元晚年主要从事建筑结构安全性与混凝土结构耐久性设计方法的研究，为延长我国土建结构工程的使用寿命，主持编制了设计规范等多种指导性文件。

周光耀

纯碱工程技术大师

对的要坚持，错的要承认并纠正。科学的东西来不得半点虚假，一切错误和虚假的东西迟早会在实践中遭到唾弃。

■ 之江院士成长之路　明州俊杰

周光耀是继中国现代化学工业的开拓者和奠基者侯德榜之后，对我国纯碱事业做出卓越贡献的又一位科学技术专家。他的科研成果使我国由纯碱进口大国转变为纯碱出口大国，为我国纯碱事业的发展做出了突出贡献。

杂货店里的"打样师"之梦

1935年，周光耀出生在浙江省宁波市鄞县（今宁波市鄞州区）的一个小镇上，家中有兄弟姐妹八人，他排行第四。周光耀的父亲在小镇上开了一家小杂货店。父亲、母亲、外婆、奶奶和八个孩子，一大家子人的生活都依靠着这家小杂货店的微薄收入。

那时候的他，根本不知道什么叫作"机器"，偶尔看见一辆自行车，就觉得新鲜得不得了。童年的时光，除了给幼年的周光耀留下了贫穷的印象，还给他留下了成为"打样师"的梦想。在他上小学二年级的时候，镇上有了一台用柴油机驱动的打米机，他常常去看那台被称作"机器"的东西，特别是它飞快转动的大轮子，让年幼的周光耀看得出神。周光耀在纸上画下了那台打米的机器。父亲看见了，告诉儿子，那台机器是"打样师"造出来的。周光耀对父亲说："长大了，我要做'打样师'。"父亲对儿子说："对，做'打样师'！"后来周光耀才明白，"打样"就是设计，"打样师"也就是设计师。

周光耀　纯碱工程技术大师

"没想到，我这辈子还真成了'打样师'。"周光耀不仅成了"打样师"，而且成了我国纯碱工业的"打样大师"。

小学读完以后，由于家境困难，家里曾有让周光耀去宁波或是上海做学徒的打算，但是，最后还是父亲支持了儿子继续读书的想法。小学毕业后，周光耀考上了鄞县私立效实中学（今宁波效实中学）。进入效实中学前，周光耀在乡镇学习、生活，对科学没有什么概念。进入效实中学后，他接触了数学、物理、化学、生物等课程，学习了现代科学知识，还进行了物理、化学实验。效实中学的实验室里还挂了很多著名科学家的画像。效实中学引领着周光耀进入了科学的天地，使他认识科学、热爱科学，并确立了一生从事科学技术工作的志向。

周光耀以第二名的成绩从效实中学初中毕业。家里再也负担不起他继续读高中的费用了，他便报考了中专，进入杭州化工学校（今浙江工业大学）读书。那时候读中专，国家是包学费和生活费的，读中专可以减轻家里的负担。

由纯碱进口国变为纯碱出口国

1954年，时值我国第一个"五年计划"轰轰烈烈地开展之际，中专毕业的周光耀响应国家号召，以饱满的热情投入国家建设的第一线，奔赴当时化工建设的主阵地东北，成为大连碱厂一名普通的技术人员，真正开始了他的"打样师"生涯。

之江院士成长之路　明州俊杰

刚刚参加工作的周光耀过着清贫的生活，除了留下自己的吃饭钱，其余的工资悉数寄回家，接济家人。即便在这样艰苦的条件下，他仍然保持着强烈的求知欲。1956年，他来到大连工学院（今大连理工大学）夜校部学习化学工艺。从那时起，周光耀白天工作，晚上上课，奔走在工厂到学校之间的一条很长的路上，兜里时常揣着来不及吃的馒头。

原大连工学院第一教学馆

在那段艰苦的岁月里，周光耀把所有的业余时间都用在了学习上，并开始利用学到的理论知识去解决实际工作中遇到的问题。在一次因外冷器严重结疤而引发的设备故障中，周光耀经过大量详细的计算，提出了创新的解决办法，使当时的很多前辈技术人员都对这个年轻人刮目相看。

周光耀说，技术创新是设计工作的灵魂，没有灵魂就没有生命，设计工作如果没有创新，只是照搬照抄，也就不会有进步。但是，创新必须是有根基的创新，必须在试验成功之后才能投入使用。

周光耀　纯碱工程技术大师

20世纪60年代初，中国第一套用联碱法生产纯碱的工业装置在大连化工厂建成投产。投产初期，外冷器换热管结疤成为不能连续生产的主要问题。

为了解决外冷器换热管结疤问题，通过理论分析和计算，周光耀提出了降低结疤速度的新理论和方法，从而消灭了联碱工业生产装置过关路上的"拦路虎"。在此基础上，他成功完成了我国第一套完全独立的联碱装置设计。他主持设计的项目使我国由纯碱进口国变为纯碱出口国，我国纯碱工业技术水平也因此迈上了一个新台阶。

"我给自己定下的人生准则是四个字：攀登、求实。'攀登'就是人的一生应是不断攀登的过程，登上一个高度后又要继续攀登下一个高度；'求实'就是老老实实做人，踏踏实实做事，不搞形式，不图虚名。对的要坚持，错的要承认并纠正，科学的东西来不得半点虚假，一切错误和虚假的东西迟早会在实践中遭到唾弃。"周光耀用自己的工作、生活态度和实际作为始终践行着这一人生准则。

2000年，周光耀对大型纯碱生产装置设计图纸进行审定

精神闪耀

周光耀认为优秀的技术人员应具备以下特点：一是要有正确的人生观，同时具有奉献精神；二是要有深厚的理论功底和学习积淀作为基础，还要在实践中不断作出改进和创新；三是要勤奋，机遇离不开勤奋，即"天道酬勤"。

除此之外，周光耀认为，要想成为一名优秀的技术人员，最重要的是要知道集体的力量和智慧是无穷的。工程设计是一项系统工作，是集体创作的结晶。他说："世界是美丽的，生活是多彩的，周围的人也是各有特点、各有长处的。大家合作共事，要充分发挥每个人的长处和聪明才智，这是事业成功不可缺少的条件，也是创新之花永不枯萎的源泉。"几十年来，周光耀把青春梦融入强国梦，如今已到暮年，他依然把最"燃"的热情献给最"火热"的化工事业，任何时候他都不愿停下工作的脚步，依旧用最青春的模样为祖国的化工发展作出贡献，以他多年的智慧积淀和奉献情怀，续写工程设计的新篇章。

周光耀　纯碱工程技术大师

院士小传

周光耀，1935年出生，浙江宁波人，无机化工专家，中国工程院院士。

周光耀1961年毕业于大连工学院，历任中国成达工程公司（原化工部第八设计院）首席技术专家、中国化工学会无机酸碱盐专业委员会委员、化工部纯碱设计技术中心主任等职。周光耀长期从事纯碱工程技术等方面的研究工作，设计成功我国第一套完全独立的联碱装置；主持设计了国内外几十套纯碱生产装置；成功开发出外冷碳化塔、变换气制碱法等世界首创的新技术。

周光耀曾荣获国家科学技术进步奖二等奖、三等奖，中国化工学会科学技术奖"科技进步奖"一等奖等奖项。

之江院士成长之路　明州俊杰

贺母校建校一百周年
百年效实铸辉煌
数万桃李满天下
求实攀登好校风
爱国、科学兴中华
周光耀

周光耀为宁波效实中学百年华诞题词

胡思得

以核卫国、以身许国的核武器工程学家

中国核试验只做了45次，而苏联做了700多次，美国做了1000多次，中国的科学家很聪明，不比别人笨，别人有什么核武器，只要有需要，中国的科学家就能搞出来。

■ 之江院士成长之路　　明州俊杰

"胡思得"这个名字，是他的父亲请一位老先生取的。老先生说《论语》里写道："君子有九思：视思明，听思聪，色思温，貌思恭，言思忠，事思敬，疑思问，忿思难，见得思义。""思得"二字由此而来。

国家使命：年轻人的重任

1936年3月，胡思得出生于浙江省宁波市。胡思得幼年时正值战火纷飞的年代，日军对宁波的轰炸和占领使胡思得一家在很长一段时间里都生活在逃亡和提心吊胆之中。1950年，抗美援朝战争爆发，中学生中掀起了报考军事干校的热潮。怀着迫切为国家效劳的一腔热血，胡思得也积极报名了，但因未能通过体检，没有去成。但是，报考军事干校这件事让胡思得的思想有了一次不小的提高。他认识到要为国家效劳，要做一个对国家有用的人，就应该在学校里好好读书、好好锻炼身体。初中三年级的时候，他开始用功了。

胡思得就读于鄞县私立效实中学（今宁波效实中学）。高一时，一次偶然的机会，彻底改变了他对学习的兴趣和信心。效实中学的数学老师蔡曾祜因材施教，把全班学生分成3个组。成绩优秀的放在第一组，成绩平平的放在第二组，成绩落后的放在第三组，每一组做的习题难度都不一样。胡思得原来被分在第三组。一次考试中，胡思得

胡思得　以核卫国、以身许国的核武器工程学家

居然位列全班第一。胡思得也因此第一次受到了一向严厉的蔡老师的表扬。这使得胡思得顿感精神振奋、干劲十足。从此，他学习数学非常投入，兴趣越来越浓，信心也日益增强，成绩当然就突飞猛进了。

　　蔡老师的那次表扬，可以说是胡思得人生中一个重要的转折点。高中时期表现出来的学习潜力、兴趣和信心，对他后来在大学里保持一个比较好的学习状态也有很大帮助。高中毕业后，胡思得被上海复旦大学物理系录取。

2017年，胡思得（左二）与老同学在宁波效实中学蔡曾祜老师塑像前合影

胡思得为母校百年华诞题词

　　复旦大学物理系有两个教学特点。第一个特点是非常重视基础课，一年级的普通物理课由系主任王福山先生亲自讲授，他讲得很生动。有一次讲解转动惯量时，他用芭蕾舞的旋转动作来示范说明，此情此景，胡思得至今记忆犹新。第二个特点是非常重视实验。从一年级起每两周就有半天的物理实验课，上物理实验课的唐璞山等老师要

■ 之江院士成长之路　明州俊杰

求很严格。进实验室之前，每个学生必须做好充分的预习，准备好实验提纲，老师们会突击提问，以检查大家的预习情况。

经过四年的大学学习，胡思得不仅打下了坚实的理论基础，而且对实验产生了浓厚的兴趣，乐于参与实验设计和结果分析，这为他日后形成重视理论与实验相结合的学术风格以及参加核武器研究工作后的迅速成长奠定了重要基础。

1958年，胡思得从复旦大学物理系毕业，和其他5名同学一起被分配到当时的第二机械工业部（后简称"二机部"）第九研究院。刚毕业的大学生，连二机部是干什么的都不知道，整天的任务就是读报学习。直到从别人口中得知，钱三强是二机部的副部长，胡思得猜测"钱先生是研究核物理的，二机部大概跟核物理有关吧"。

又过了几天，胡思得被分配到邓稼先的研究室，领到的任务是看书。他和同事们夜以继日地学习，但过了好长时间，邓稼先依然只让大家看书，大家还是不知道来二机部到底要干什么。

在他们的再三追问下，邓稼先请示领导后才透露："我们这个研究室将来是搞核武器的。"

这样的一次密谈，在胡思得的心中点燃了火种。"国家把这么重大的任务交给我们这群年轻人，我觉得责任重大，我一定要把这件事情搞好！"

1962年，第一颗原子弹的理论方案接近完成，理论联系实验小组成立，胡思得被任命为组长。次年十月，他率领小组成员西上青海高原。在高寒荒凉的青海221厂，胡思得艰苦奋斗了四年。

胡思得　以核卫国、以身许国的核武器工程学家

手摇计算机、浇注炸药、铸炸药……老一辈科学家们在艰苦的生活条件下，利用有限的科研成果和试验手段，克服各种难以想象的困难，突破重重技术难关。"人们住在烧煤的简陋房子或帐篷里，每天去办公室，每个人身上满是灰尘和难闻的气味，但每个人都习以为常，从不叫苦叫累。"在青海草原、戈壁沙漠，胡思得和同事们用汗水、热血和宝贵的青春谱写了光辉篇章。

凭借扎实的理论基础和勤奋努力的工作态度，胡思得得以快速成长，先后任中国工程物理研究院（简称"中物院"）研究员、副院长、院长、高级科学顾问。

北京、青海、四川、新疆，都留下了他义无反顾投身核事业的足迹——参与多个型号的核武器的公差范围设计，成功保证了核武器关键部位的正常动作；领导了多种近区物理测试项目的理论设计，创造性地解决了多项关键技术问题，获得一批重要成果……多年科研征程，繁重艰辛，但硕果累累。

在四川省绵阳市梓潼县两弹城的邓稼先故居内，展陈着一封书信："老胡，我明天还要动一次小手术，来文我看了两遍，我觉得可以了……"这是1986年3月28日，已患直肠癌晚期的邓稼先在北京301医院写给胡思得的亲笔信。

邓稼先写给胡思得的亲笔信

147

当时，我国某项任务研究已进入关键攻关阶段，即将取得许多重要成果，但国际上禁止核试验的呼声已呈"山雨欲来风满楼"之势。

邓稼先和于敏冷静分析后认为，核大国很可能出于政治目的而倡议全面禁止核试验，那么正在技术爬坡的中国则面临"功亏一篑"的可能，于是他们向中央提交了相关建议书。这份建议书为维护国家安全做出了重大贡献。

这封现在为人熟知的建议书，当时就由胡思得在邓稼先和于敏两人之间奔走传送，同时他也参与了调研、讨论和建议书的整理工作。更重要的是，他后来的工作，就是在践行这份建议书中的安排。

1989年，胡思得担任中物院副院长，主要负责新装置的试验任务。他的使命，就是努力完成邓稼先和于敏的建议书中提出的安排。

从规划、计划、组织理论设计到试验项目的确定，直至量程安排，他都投入了全部精力和心血。

这是一场和时间赛跑的战斗。胡思得带领中物院的科研人员们，经过几年的艰苦奋斗，终于在1996年7月底出色地完成了全部计划。这些工作对增强我国国防力量有重大意义，其成果分别获得了国家科学技术进步奖特等奖和一等奖。

严谨治学：核武器人才的培养

胡思得高度重视对核武器人才的培养。对于后辈来说，胡思得既是学问之师，也是品行之师。他的博士生赵武文回忆，自己的博士论

胡思得　以核卫国、以身许国的核武器工程学家

文提出了三个创新点，他觉得足以"交差"，可胡老师却不同意，说这三个创新点只是从不同角度谈同一个问题，只能算一个，并要求他做进一步的工作。

胡思得总是鼓励年轻人踏实钻研、勇于创新，以实事求是的精神进行独立思考。他指导的第一位硕士生应阳君，在课题研究的过程中提出了一些不成熟的想法，胡思得鼓励他再接再厉，通过考证分析把工作做深、做细；在论文起草阶段，出现与学生的分析结论不一致的地方，胡思得也没有简单否决，而是提醒学生要从哪些方面进行更为细致的探索研究。如今，胡思得发掘和培养的很多年轻人已经成长为事业的骨干，在核科技及军控领域发挥着重要作用。

当荣誉纷至沓来，他表示："我只是大海里的一滴小水滴。"

有一次，胡思得接受记者采访时说："回顾自己走过的路，从大学毕业后参加国防科技工作一直到今天，我觉得能为我国国防事业做一点事情、尽一点力，这一生是非常值得的，我很自豪。"

每次回顾自己的科研生涯，他始终谦虚而充满自省。在《八十自述》中，他写道："幸遇导师，邓于周黄。箴言相告，教诲有方。同事同行，真诚相帮。齐心协力，共创辉煌。"这是对个人与集体关系最形象的描述，既是他的自勉，又是给后来者的赠言。这位胸怀博大的智者，甘为平凡水滴融于浩瀚，把自己的光芒融入集体的荣光。他诠释了何为浩瀚。

之江院士成长之路　明州俊杰

精神闪耀

在人生的征程中，胡思得亲历了我国核武器从无到有、由弱到强的全过程，他是中国核武器发展之路的见证者和建设者，为中国的核武器事业付出了全部心血，作出了卓越贡献。他将人生的价值追求与中华民族伟大复兴紧密相连，刻苦钻研、开拓创新、不断求索，始终将视线聚焦在国家安全最需要的地方。

胡思得认为，一个人好像一滴水。这滴水如果在大海中，可以参与形成滔天巨浪；但这滴水如果离开了海洋，在沙滩上被太阳照射就会瞬间蒸发。在他心目中，这就是个人和集体的关系。他勉励青年科技工作者，要有集体精神，把个人和集体的关系处理好，把大家的积极性都调动起来，才能奋发有为。

胡思得希望在当下的科研环境下，年轻一代仍然发扬"两弹一星"精神。他认为要追求更高的目标，任何时候都需要刻苦的精神和勤奋学习的状态。他将自己的座右铭赠给青年一代："淡泊明志，宁静致远。""淡泊"是要脚踏实地，不要浮夸，不要急功近利，不要追求形式上的轰轰烈烈；"明志"是要看清目标，明确方向。他曾说："'两弹一星'的精神、核心价值观，只有具备对我们国家核武器事业的崇高使命感和高度责任心，才能形成。对我们年轻人来讲，这是非常宝贵的精神财富。"

胡思得　以核卫国、以身许国的核武器工程学家

院士小传

胡思得，1936年出生，浙江宁波人，核武器工程学家，中国工程院院士。

胡思得1958年毕业于复旦大学。他先后参加或主持领导了多项核武器理论研究设计工作，曾任中国工程物理研究院院长，创造性地解决了一系列关键技术问题，为我国核武器的研究设计和发展作出了重要贡献。

1993年，胡思得荣获全国"五一劳动奖章"；1994年被评为四川省"十大杰出英模"；1995年被评为"全国先进工作者"，并当选为中国工程院院士。胡思得还荣获国家科学技术进步奖特等奖、2021年度四川省科学技术杰出贡献奖及何梁何利基金科学与技术成就奖等奖项。

之江院士成长之路　明州俊杰

青海省金银滩原子城

贺贤土

世界聚变能源领域最高奖的获得者

一个人无论水平多高，总会有所疏忽和失误，兼听则明，才会使自己能力更强，使周围人更加受益。

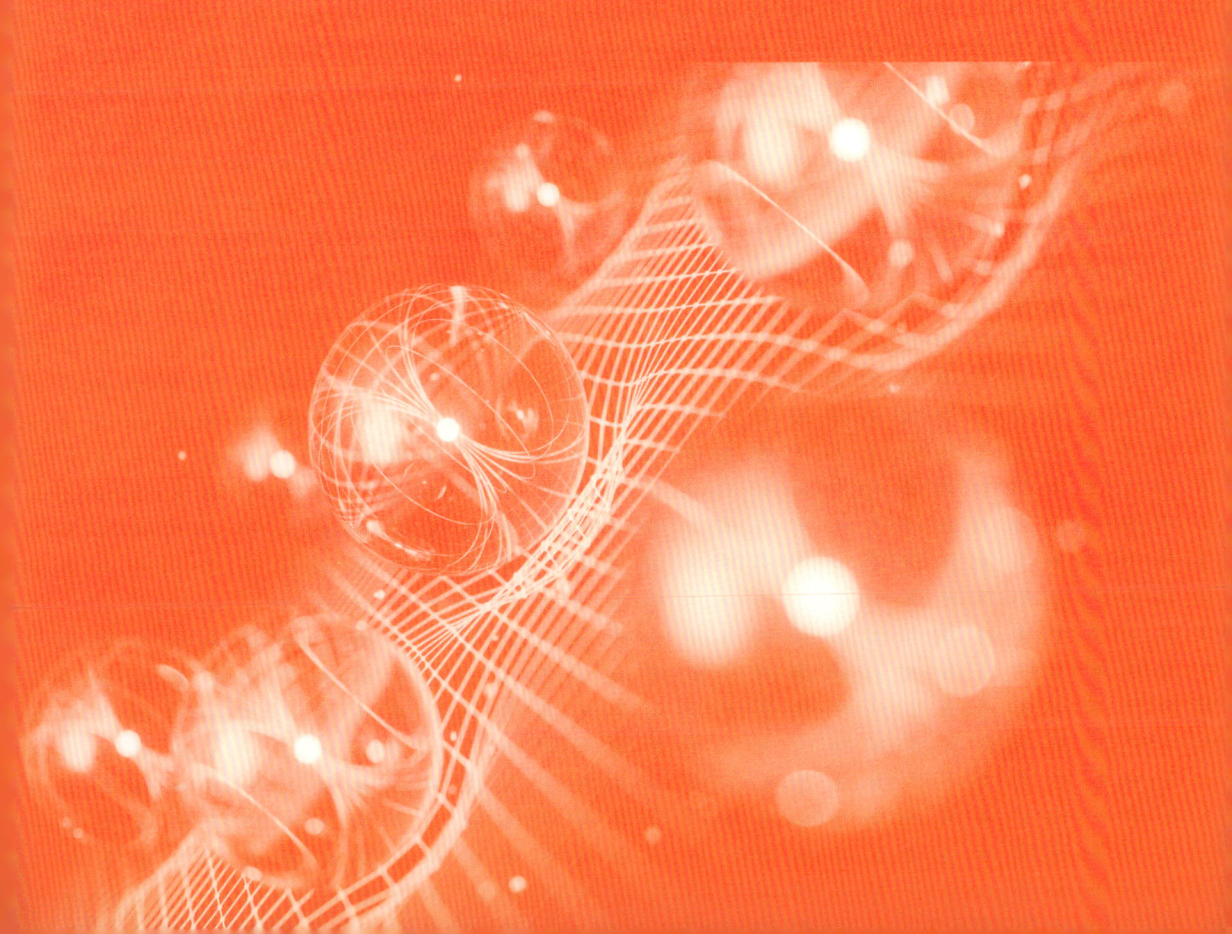

■ 之江院士成长之路　明州俊杰

天上有颗小行星，叫"贺贤土星"。2018年9月25日，国际天文学联合会小天体命名委员会将一颗编号为079286的小行星命名为"贺贤土星"。2019年，贺贤土获爱德华·泰勒奖，这也是世界核聚变能源领域的最高奖项。

投身核武器研究

1937年，贺贤土出生在浙江省镇海县新碶镇（今宁波市北仑区新碶街道）大路村。"我小时候很爱玩，但有个好习惯，就是先做作业，然后检查一遍，才会放心去玩。"

1954年，贺贤土从镇海县辛成中学初中毕业。贺贤土高中就读于宁波市第一中学（今浙江省宁波中学）。少年时代的他，热爱文学，喜欢看苏联小说，比如《钢铁是怎样炼成的》，也喜欢看巴金、茅盾、鲁迅的作品，甚至还尝试过自己写小说。不过，一次学校组织的活动改变了他的文学梦。"我看到一部短片，片中王淦昌等老师讲核聚变物理基本粒子的画面非常生动有趣。"因为这部片子，贺贤土萌发了学物理的念头。

1957年，贺贤土考入浙江大学物理系，1962年毕业后留校任教。"没多久，系领导找我，要我去北京。但去什么单位？干什么？一概不知。我当时虽然有些忐忑或者说犹豫，因为我的家人、朋友都在南

贺贤土　世界聚变能源领域最高奖的获得者

方，但最后还是服从了分配。"贺贤土说，那个年代，在大家的概念里，个人需求还是要服从国家意志的。

到了北京，贺贤土发现，接待自己的人竟是科学家周光召。周光召当时是北京九所（今中国工程物理研究院）一室的常务副主任，主任是邓稼先。贺贤土就这样开始了核武器研究。在那里，王淦昌、程开甲、彭桓武、周光召、于敏等大科学家都没有门户等级之见，经常就学术问题争得面红耳赤，私下里关系却依然融洽。从此，贺贤土明白研究工作原来是需要讨论和争辩的。

这时，距离国家要在1964年实施原子弹爆炸的计划，已经没剩多少时间了。贺贤土接到了一个重要课题——研究计算原子弹的过早点火概率。原子弹在达到超临界状态时，可能会在预定点火时刻之前出现过早点火的情况。

过早点火的概率是原子弹研究设计中的一个重要问题，曾有多位专家在不同的物理模型下计算过这个问题。初出茅庐的贺贤土勇于探索，另辟蹊径，经过近一年的时间，给出了方程数值计算的物理方案。他和一位从事计算数学的同事汤礼道合作，编写了计算机程序，精确地算出了过早点火的概率，这项成果不但在

贺贤土在实验室

155

■ 之江院士成长之路　明州俊杰

我国第一颗原子弹爆炸的过程中得到应用，而且一直运用于此后的核武器设计与试验中。

此后，贺贤土参与了氢弹研制的相关工作，他带领小组负责物理研究、设计出第一次地下核试验的核装置，并分解研究氢弹爆炸的一些重要物理过程，进行近区测试实验，其中热试验获得圆满成功。这一时期他最辉煌的成就，是突破了中子弹原理并掌握了中子弹的研制技术。

在几十年的科研生涯中，贺贤土不断根据国家需求调整研究方向，深入钻研，不懈努力，在每一个研究方向上都取得了突出成就，获得卓越功勋。

突破西方技术封锁

1987年，贺贤土在美国马里兰大学作报告

如果把贺贤土的科研人生分为上、下两阕，转折点出现在1988年。那年，他刚刚结束为期一年半的出国访问学者研究工作，一回国，就先后被任命为北京应用物理与计算数学研究所科技委副主任和副所长，主管激光驱动惯性约束聚变（ICF）的物理理论研究。

贺贤土　世界聚变能源领域最高奖的获得者

惯性约束聚变被认为是最有可能实现可控核聚变的方式。核聚变能释放巨大能量，氢弹就是一种利用核聚变产生惊人破坏力的武器。但核聚变这匹"烈马"如果能被套上"缰绳"，变成可控核聚变，就能为人类提供目前已知的最清洁、最丰沛的能源——这是一个有望改变人类未来的领域。

那时，美国、法国、俄罗斯、日本等都竞相拓展对惯性约束聚变的认识和研究，而我国惯性约束聚变的研究基础十分薄弱，既缺乏顶层设计和长远规划，也没有足够的经费。贺贤土请王淦昌向中央建议，把惯性约束聚变研究纳入国家"863"计划。

1988年11月，王淦昌、王大珩、于敏3位院士联名致信中央。不久后，惯性约束聚变总体规划和立项论证专家组成立，贺贤土任组长，并执笔起草了我国惯性约束聚变总体发展战略报告。1993年3月，"863"计划直属的惯性约束聚变主题专家组正式成立，贺贤土先后任秘书长和第二任首席科学家，并从1996年起全面负责中国的惯性约束聚变主题工作。

在贺贤土的领导下，中国的惯性约束聚变研究突破了西方的技术封锁，攻克了关键科学与技术难点，取得了阶段性重大成果，在原本十分薄弱的基础上，建立了我国独立自主的惯性约束聚变研究体系。他领导并推动理论、实验、诊断、制靶和驱动器"五位一体"协调发展。在他与后继者的努力下，我国的惯性约束聚变研究不断取得进步。凭借在惯性约束聚变领域取得的重大成就，2019年，贺贤土荣获了世界核聚变能源领域最高奖——爱德华·泰勒奖。

之江院士成长之路　明州俊杰

贺贤土（左）荣获爱德华·泰勒奖

因年龄原因不再担任首席科学家后，这位已至耄耋之年的科学家依然不落征帆。他提出了不同于国际上现有惯性约束聚变点火途径的新型混合驱动点火方式，备受国际同行关注。2023年9月，86岁高龄的贺贤土与合作者在《自然·通讯》上发表了一篇论文，率先提出全新的混合驱动方案。

贺贤土这一生，在核聚变领域书写了不朽的篇章。但要问他平生最自豪的时刻，还要回到1964年中国第一颗原子弹爆炸和1967年中国第一颗氢弹爆炸的消息传开之时。那时，全中国都沸腾了，贺贤土和同事们看到研究所门口的水泥地上，人们用粉笔密密麻麻地写满了感谢的话："谢谢你们""你们为国家争光了"。

"看到粉笔字的那一刻，我真正感到全国人民都在支持我们。我们不是与世隔绝的，我们并不孤独！"贺贤土说，"只要中国有这种氛围，就没有什么事业做不成！"

贺贤土　世界聚变能源领域最高奖的获得者

精神闪耀

提起"贺贤土"这个名字，很多人都会觉得有些陌生。因为工作性质的缘故，很长时间里，他的名字和贡献都鲜为人知。然而，默默无闻、孜孜不倦、无怨无悔、科技报国，不断根据国家需要调整研究方向，在每一个研究方向上都获得了突出成就，是无数像贺贤土这样的科学家都走过的人生之路。

贺贤土认为，从事科学研究一定要有执着追求、不懈探索的精神。从第一颗原子弹过早点火概率研究到我国首次地下核试验，从氢弹和中子弹原理探索到激光驱动惯性约束聚变研究，贺贤土曾多次转变研究方向，但总能在相关领域做出独创性成果。谈及科研"秘籍"，他总结：创造性的科学思维方式、执着追求的精神、扎实的基础和专业知识、实践驱动的研究动力。

贺贤土说，中国要成为科技强国，不能总是亦步亦趋跟在别人屁股后面，一定要做有独创性甚至颠覆性的科学研究。

2018年9月25日，国际天文学联合会小天体命名委员会将一颗编号为079286的小行星命名为"贺贤土星"。"贺贤土"这个名字，永远熠熠生辉。

之江院士成长之路　明州俊杰

院士小传

贺贤土，1937年出生，浙江宁波人，理论物理学家，中国科学院院士。

贺贤土1962年毕业于浙江大学物理系，后进入中国工程物理研究院工作。他曾任北京应用物理与计算数学研究所科技委员会副主任、副所长，中国科学院学部主席团成员及数学物理学部主任，北京大学应用物理与技术中心主任，浙江大学理学院院长，宁波职业技术学院院长等职。

20世纪60年代，贺贤土从事我国第一颗原子弹过早点火概率研究、第一颗氢弹热测试理论物理研究；20世纪80年代，他率领研究小组攻克了中子弹原理的难关。贺贤土长期从事核武器物理理论研究与设计、激光驱动惯性约束聚变物理科学与工程、高能量密度物理研究，是我国高能量密度物理基础研究的倡导者和开拓者之一，推动我国该领域研究进入国际先进行列。

徐祖耀

饮誉中外的材料科学家

科学研究不是为了金钱，不是为了名利，而是作为一个科学工作者的责任——推动国家和全人类的进步。

之江院士成长之路　明州俊杰

徐祖耀出生于浙江省宁波市鄞县（今宁波市鄞州区），他的曾祖父曾是清末江南提督，家世显赫一时。徐祖耀的父亲在担任一家公司高级职员的同时，自修中医，经常为人免费治病，道德品行令人称道。这为年少的徐祖耀作了很好的示范。徐祖耀曾说，虽然父亲很少"言传"于他，但父亲的"身教"使他从小便牢固树立起了自食其力、正直处世、恪尽职守、待人忠厚等人生信条。

"冶金强国梦"：儿时立志

身处乱世，徐祖耀从小便目睹了旧中国民贫国困、战火肆虐、民不聊生的惨状。在民族自尊心和国家使命感的驱动下，他和其他满腔热血的爱国青年结伴同行，贴标语、搞宣传，试图用自己的努力唤醒大众投身抗日救国的大潮。1932年，徐祖耀考入当地声誉最高的鄞县私立效实中学（今宁波效实中学），该校文理并重，兼长外语，更注重数理化。有"蔡代数"之称的名师蔡曾祜先生，授予其数学原理，启迪他的自学能力。教国文的"老夫子"郁东明先生，启发他工业救国，鼓励他上大学。当时，中国的钢铁工业十分落后，"冶金强国梦"就在徐祖耀的心中扎下了根，而他也把自己的命运紧紧地与祖国的兴衰连在一起。

徐祖耀　饮誉中外的材料科学家

1938年，高中毕业的徐祖耀受老师鼓励，决心奔赴昆明上大学。虽然父亲希望他能成为医生，治病救人，但他却在"冶金强国梦"的驱动下报考了云南大学矿冶系（今云南大学地球科学学院）。当时人们认为重工业乃是发展百业之基，徐祖耀回忆当初为何选择艰苦的矿冶专业时说："我选择的矿冶业正是当时最'重'的工业。"

踏入大学校门，蒋导江教授给徐祖耀留下极其深刻的印象。蒋导江讲授冶金课程和金相学课程，他对学生要求极为严格，每科考试只有三题，但都要求学生进行深刻的思考和总结，学生一般要考试后再加以反复琢磨才能回答完全。当年徐祖耀对于金相学课程兴趣浓厚，花了很多力气，自信能取得好成绩，但是蒋导江最后只给了他78分，尽管这已是班上的最好成绩了。这个78分让徐祖耀印象深刻，也成了他后来不断进取的动力源泉。每当想到这个78分，徐祖耀就充满动力，全身心地投入学术研究工作中。

教书育人：为国奉献

徐祖耀最喜欢做的事情就是教书育人。1942年，徐祖耀毕业后留校任金相学及分析化学课程的助教。此后，徐祖耀先后在中国交通大学唐山工学院、北京钢铁工业学院（今北京科技大学）、上海交通大学从事冶金科学的教学和研究工作，一次又一次践行着自己的人生信条。

1949年，徐祖耀进入唐山工学院任教，开始了"教书匠"的生涯。1952年，全国高校院系调整，北京钢铁工业学院成立，徐祖耀

之江院士成长之路　明州俊杰

于1953年调入该院执教。凭借着刻苦的努力，徐祖耀很快就成为北京钢铁工业学院学生最喜爱的青年教师之一。他的学生许珞萍对徐祖耀的授课印象极深："徐先生讲课完全脱稿，将艰涩的内容都讲活了，尤其讲到有色合金相图时，徐先生当场将极复杂的青铜相图全画在黑板上，可见备课时的认真和费力之巨，他所表现出的深厚功力，深受学生们敬重。"

1961年，徐祖耀调至上海交通大学冶金系。他认为："个人的能力总是有限的，只有培养出大批科技人才，国家才能兴旺发达。"因此，教育是根本任务。"教师的天职就是为国家培养人才。"徐祖耀培养研究生，可谓严格要求，尽心尽力。他修改学生论文的认真程度令人惊叹，不仅修改内容，而且多次指出学生引用文献的页码错误。他要求课题组的教师至少要阅读100篇国际文献，才能给研究生定方向。他极力提倡"学生阅读文献后不能只是综述，而是要进行评述，这样才能有创新的思想"。他鼓励研究生独立思考、刻苦钻研、发挥特长、敢于创新。他始终潜心材料科学研究与教学，编著的《金属学原理》助力培养了我国第一代材料工作者；《马氏体相变与马氏体》《材料热力学》《材料科学导论》和《相变原理》等相关著作助力培育了中国几代材料科学家。

徐祖耀始终有一个理念：科研理论要得到国际同行的认可，其应用成果要转化为生产力。他在相变热力学、马氏体相变和贝氏体相变等领域作出了卓越的学术贡献。徐祖耀率先在我国开展纳米材料相变的研究，是我国研究开发形状记忆合金材料的先驱者，也是材料热力

徐祖耀　饮誉中外的材料科学家

学研究和教材建设的倡导人和执行者。

　　徐祖耀一生未婚，也无子女，退休之后就回到了老家居住，平时生活起居室不足10平米，家里也没有像样的家具和电器，但他却拿出自己的毕生积蓄，长期支持教育和慈善事业。2011年，他出资在上海交通大学设立"徐祖耀基金"，用于资助优秀青年教师和家庭经济困难的学生。2014年，他捐款50万元设立"徐祖耀慈善爱心专项基金"，同年又捐款50万元对失独或子女残疾的老年人给予养老补贴。2016年，徐祖耀95岁，正在住院的他再次捐款100万元，用于救助患重大疾病的儿童和失独家庭的特困老人。

　　据他的学生们回忆，在给徐祖耀举办90岁生日庆典时，徐祖耀朗声说，他有三个愿望："第一，希望大家要做好人，做一个正直忠厚的人；第二，希望大家要做强人，要内心坚强，对工作负责；第三，现在中国是钢铁强国、水泥大国，希望在21世纪中国能成为工业强国。"这三个愿望无一是为了自己，他把自己的一切都献给了祖国，献给了科研，献给了慈善事业。

晚年的徐祖耀

之江院士成长之路　明州俊杰

精神闪耀

徐祖耀经常说："世界上天才是少数，有成就者大多工作勤奋。做学问要甘于清贫，安于寂寞。"

徐祖耀一生治学严谨、孜孜不倦，是精勤不倦怀大爱的榜样，是淡泊名利求报国之典范。他不仅是享誉国内外的杰出材料科学家，也是在教育战线上辛勤耕耘近七十年的名师。他说，个人的能力总是有限的，只有培养出大批科技人才，国家才能兴旺发达。他也常对师生们说："做学问，一要有兴趣，二要耐得住清苦。"

满腔热忱，守望初心，矢志不渝。徐祖耀几十年全身心投入学术研究之中，发掘和培养了一代又一代我国材料学发展的领军人才。他以满腔热血和激情，尽好一份责任，奉上一份心血，生动诠释了什么是深沉的家国情怀和"以天下为己任"的责任担当。

中国工程院院士潘健生回忆，20世纪60年代，他从上海交通大学毕业后留校，做了徐祖耀的第一任助教。他慨叹徐祖耀为大家树立了热爱科学、在极其艰苦的条件下刻苦钻研和勇攀高峰的光辉榜样，留下了最宝贵的精神财富。潘健生认为，无论是徐祖耀的言传身教，还是从他的著作中汲取的丰富知识，对自己一生的成长和成绩的取得都起着十分重要的作用。

徐祖耀　饮誉中外的材料科学家

宁波效实中学1959届校友余存烨曾写下《给相变大师——为效实老学长、中科院院士徐祖耀写生》，感谢徐祖耀为祖国科研事业所作的贡献：

锲而不舍的虔诚，水滴石穿的坚韧。
皓首不衰的执着，发愤忘食的勤奋。

在相变的大海中驰骋，在晶格的高山上攀登，
在电镜的田野上耕耘，在能谱的冰川中滑行。

呕心沥血的结晶，含辛茹苦的收成。
时效强化材料，形状记忆合金。
一块超高强度的钢，一块赤诚纯净的金，
一颗返老还童的心，一颗永远探索的星。

一个甲子的峥嵘，一盏青春的明灯，
一位朴实的老人，一生报国的责任。

在科学的道路上没有平坦的大路可走，只有不畏劳苦在崎岖小路上跋涉的人，才有希望到达光辉的顶点。徐祖耀以敬业精神书写生命华章，用品格力量标注生命高度，让科学家精神熠熠生辉。

■ 之江院士成长之路　明州俊杰

院士小传

徐祖耀（1921—2017），浙江宁波人，材料科学家，中国科学院院士。

徐祖耀1942年毕业于云南大学矿冶系，曾任重庆（南京）材料试验处助理研究员，先后于中国交通大学唐山工学院、北京钢铁工业学院和上海交通大学从事冶金科学的教学和研究工作，并曾任比利时天主教鲁汶大学客座教授和香港城市大学名誉教授。1995年当选为中国科学院院士；1983—1989年任马氏体相变国际顾问委员会委员，1999年起任名誉委员；1987年起任贝氏体相变委员会委员；1997—2003年任《日本钢铁协会国际期刊》顾问编委。

徐祖耀曾获国家自然科学奖三等奖、原国家教委科技进步奖二等奖、国家科学技术进步奖三等奖、何梁何利基金科学与技术进步奖。

翁文波

当代预测科学的宗师

爱读书是最低层次的追求，学习他人的知识则进了一步，善求知者的层次最高。求知是人生的一个主要目的。

■ 之江院士成长之路　明州俊杰

1912年2月18日，浙江省宁波市鄞县高桥镇岐阳石塘村（今属宁波市海曙区）翁氏家族中，一个男婴呱呱落地，他就是后来被称为"中国地球物理勘探之父"的翁文波。

翁文波的父亲翁厚福曾是中国同盟会会员，翁文波从小就受了很多新思想和爱国主义教育，心中树立起为中国强大而努力奋斗的远大理想。

故国之思须臾难舍

11岁时，父母相继去世，少年翁文波自强自立，在鄞县私立效实中学（今宁波效实中学）就读，聆听过恽代英同志讲的革命道理，在他的心中埋下了为中国强大而努力奋斗的远大志向。1930年，他同时考取了清华大学和交通大学（上海本部）。经过再三权衡，他选择了清华大学物理系。在清华园学习期间，翁文波"不啃书本，注重实验，不拘泥于前人所言"的思想一直影响着他之后的学习、研究和创新道路。他的毕业论文题目是《天然地震预报》，他针对北京鹫峰地震预测进行研究，接触了大量中国古代的地质资料，这表明他从青年时代起就关心预测地震这件大事。他记得，曾经发生的甘肃、宁夏和云南大地震夺去了许多生命。1936年，翁文波考取中英"庚子赔款"公费留学，奔赴英国帝国理工学院留学，专攻应用物理。他说：

翁文波　当代预测科学的宗师

"祖国积弱甚深，为振兴中华，我看到了中国石油的希望。"于是，他决心投入石油勘探，希望用自己学到的先进科学技术报效祖国。

伦敦泰晤士河畔不时传来悠扬悦耳的钟声，翁文波却对外面的世界毫无兴趣，把课余时间全部用在一种现代化石油勘探仪器的设计上。

20世纪30年代英国帝国理工学院物理系

这种仪器叫"重力探矿仪"，刚由美国的一家公司研制出来，还处于技术保密阶段。翁文波决心根据学到的理论知识自行设计制造这种仪器。课余时间，他一头扎进校办工厂里，边设计边制作。毕业前夕，他终于试制成功，并用它完成了毕业论文的实验论证，获得博士学位。

英国的几家石油公司纷纷以优厚的待遇聘请翁文波，但他一口回绝："我的国家需要我，我要回国。"

1939年冬，在获得博士学位后，翁文波怀着"苟利国家生死以，岂因祸福避趋之"的心情，急切地启程回国。这时正值第二次世界大战爆发，烽火连天，局势紧张。翁文波设法取道法国，穿过地中海，横跨印度洋，在惊涛骇浪中漂泊了一个月，最后回到云南昆明。此时的他，衣衫褴褛，蓬头垢面。在英国托运的行李和书籍早已不知去向，随身带的物品也都忍痛扔掉了，唯有"重力探矿仪"一直被他带在身边，完好无损。他认为，这是为国家效力最有用的东西。

■ 之江院士成长之路　明州俊杰

　　回国后，他就在重庆中央大学[①]担任物理系教授，在我国首开地球物理勘探课程，为中国培养自己的石油勘探工程技术人员。

一腔热血洒向边疆

　　中国地球物理技术的发展始于20世纪40年代。当时，第二次世界大战烽火四起，各国的能源问题非常突出，中国更是异常紧张。

　　1940年，我国玉门油矿传出喜讯，石油地质工作者们在此发现了主力油层，当时称为"L油层"和"M油层"。远在重庆中央大学的翁文波闻讯后兴奋得失眠了。玉门发现了主力油层，抗战最迫切需要的燃料问题有望得到解决。翁文波决定离开山城重庆，奔赴春风不度的玉门关外，施展他的报国宏图。他毅然辞去教授职务，给远在上海的未婚妻写了一封信后，就带着自制的重力仪、罗盘磁变仪、测井仪等仪器，"闯"进了"千石万壑皆百草"的玉门油矿，开始了寻找石油的生涯。

　　自从翁文波到玉门油矿后，地球物理技术才开始在我国石油工业中应用。从此，中国石油地球物理技术开始谱写从无到有、从小到大、从弱到强的辉煌篇章。翁文波身穿猎装，足蹬长靴，驰骋在祁连山下。他把自己研制的重力勘探仪器和电测仪用到了石油勘探中，这成为我国勘探史上的一个创举。

[①]中央大学1937年迁至重庆、成都等地办学，史称"重庆中央大学"，1946年迁回南京。

翁文波　当代预测科学的宗师

1945年，翁文波创建并率领我国第一支重磁力队，沿河西走廊进行大面积油气勘探。

中华人民共和国成立后，翁文波开始在更广阔的天地中施展才华。

1953年，在燃料工业部石油管理总局的支持下，翁文波与谢家荣、黄汲清共同编制了我国最早的全面系统性的《中国含油远景区划图》，为我国油气勘探的战略布局描绘了蓝图，至今仍具有指导意义。

1955年7月，石油工业部成立，翁文波被任命为石油工业部勘探司总工程师，负责全国石油勘探领域的技术领导工作。

翁文波还参加了大庆石油会战，为油田的发展作出了重大贡献。而大庆油田的发现也完全证实了翁文波早在1948年提出的科学预见。

1966年，翁文波的科学生涯发生了一次重大的转折。

这一年3月8日清晨，河北省邢台地区隆尧县发生6.8级强烈地震。接着3月22日，河北省邢台地区宁晋县再次发生7.2级大地震。这是中华人民共和国成立后首次发生在中国大陆东部人口稠密地区，造成严重破坏和伤亡的地震，在国内外引起重大反响。

同年4月27日，周恩来总理在中南海接见了地质力学专家李四光和地球物理勘探专家翁文波。周恩来总理与两位科学家以邢台地震为中心话题，探讨了地震预测预报的问题。

周恩来总理说，任何事物的变化都是有规律的，地震也是由弱变强，不可能突变。扩大观察和观测范围，把地震前后的各种现象，包括任何微弱的变化都记录下来，综合起来，用唯物主义的观点加以分

之江院士成长之路　明州俊杰

析研究，是可以发现一些规律的，从而加强实施以预防为主的防震减灾措施，以减少地震灾害造成的生命财产损失。两位科学家十分同意总理的分析和观点。

面对总理的嘱托，翁文波郑重承诺——投身地震预报。他改变了专业方向，全身心投入当代世界科学难题——地震预测预报的漫长探索研究中。

经过十几年的艰苦探索、潜心钻研，1979年，翁文波的《初级数据分布》完稿，为预测论的创立做了理论上的准备。后来，他又将地震的预测研究扩展到洪涝、干旱等自然灾害的远期预测，在预测理论和实践上取得了重大突破，创新性地提出"信息预测理论体系"，为当代的科学预测打下了良好的基础。

翁文波（右）与侯祥麟院士在"勘探地球物理北京（89）国际讨论会"的主席台上

翁文波　　当代预测科学的宗师

精神闪耀

"苟利国家生死以，岂因祸福避趋之。"像众多当年怀着报国热忱留学归来的学子一样，当翁文波踏上祖国土地时，他奉献给国家的是一颗滚烫的赤子之心。从此，翁文波开启了我国地球物理勘探、地球化学勘探、地球物理测井等应用科学技术领域的先河。

"坚持真理，敢讲真话"是科学家最基本的品质，也是翁文波最鲜明的特点。1948年，针对美国一些学者的"中国贫油论"，他在美国《油气杂志》上发表了《从定碳比看中国石油远景》一文，提出了中国东北、华北地区含油气的观点，并勾画出东北、华北有可能含油气的分布位。

当祖国有需要时，他义无反顾地踏上地震预报的研究之路，他放弃了已坚持了几十年的石油勘探事业。直到生命的最后一刻，他都在用实际行动证明：对于这一改变，他无怨无悔。

得天下英才而教育之。在抗日大后方的校园里，翁文波开设了中国第一堂地球物理勘探课，自此，翁文波便把培养石油勘探人才视为己任，培养了中国第一代地球物理勘探人才。

从不为高薪所动的"回国"，到抗战时期辞去大学教职去玉门戈壁滩上找石油的"救国"，再到牢记周总理"石油已放出异彩，我们要在地震问题上也放异彩"的嘱托，肩负起以地震预测为新使命的"报国"，翁文波用一生努力实现以科学振兴中华的远大理想。

之江院士成长之路　明州俊杰

院士小传

翁文波（1912—1994），浙江宁波人，地球物理学家、石油地质学家，中国科学院学部委员（院士）。

翁文波1934年毕业于清华大学物理系；1939年获英国帝国理工学院博士学位；1939—1940年任重庆中央大学物理系教授。翁文波主要从事石油地球物理勘探和天然地震、洪涝、干旱等自然灾害的预测预报研究。20世纪40年代，翁文波提出东北、华北等地区有望找到油气田的观点，他是发现大庆油田的主要贡献者之一，是中国石油测井、石油地球物理勘探技术、石油地球化学的创始人。20世纪60年代，他致力于天然地震灾害的预测预报研究，创立"预测论"，并将其应用于地震、洪涝、干旱等自然灾害的预测。1980年，翁文波当选为中国科学院学部委员（院士）。

童志鹏

中国综合电子信息系统的带头人

> 我们一定要用双手、用科学建设新的中国，再也不允许任何人侵略她，再也不允许任何人欺凌我们。

■ 之江院士成长之路　明州俊杰

从专心科研到成功实现电子工艺的转型，再到为"两弹一星"装芯，童志鹏就像一颗久经战场的螺丝钉，哪里有需要就在哪里发挥基础作用。

科学建设新中国

1924年8月12日，童志鹏出生于浙江省慈溪县童家村（今属宁波市江北区庄桥街道）。这片山清水秀的土地英才辈出，涌现了众多文人学者。童志鹏在这里度过了童年时代，接受了良好的启蒙教育，先后在星荫小学（今海曙中心小学）和鄞县私立效实中学（今宁波效实中学）初中部就读。

青年童志鹏

1937年下半年，日军入侵上海，战事很快波及浙江各地，童志鹏随全家迁居上海，开始了动荡的中学生活。1939年，童志鹏考入上海市私立晓光中学（今上海市向明初级中学）。童志鹏说，这所新办学校号称"教育部特准立案"，对于处于沦陷状态的东南一带国土的学生来说，是颇有振奋人心之意的。晓光中学集中了几位高素质的老师，如教数学的朱老师、教语文的施老师、

童志鹏　中国综合电子信息系统的带头人

教英文的杜老师。他们循循善诱，严格要求，促进学生刻苦学习、锐意进取。童志鹏当时才十五六岁，正是血气方刚、求知心切的年龄，在老师们的指引下，他醉心于求解数学难题，沉醉于古文词章，广泛涉猎外文报刊，立志深入文化殿堂，勤于自学，这一习惯对他终身有益。

1942年，童志鹏以优异的成绩考入交通大学电机工程系，从此将这一生献给了祖国的电机电信事业。

目睹了帝国主义和封建主义对中国百姓的迫害，亲历了战火中家族的兴衰以及从富庶陡变贫瘠的凄凉而艰难的生活，童志鹏更为深刻地理解了国强则民安的道理。

1947年，童志鹏如愿以偿地接到了美国威斯康星大学电机工程专业的录取通知书，正式成为中国留美学生的一员。他暗暗下定决

2011年9月，童志鹏（左一）回访母校宁波效实中学

之江院士成长之路　明州俊杰

心，一定要充分利用这难能可贵的机会，尽可能地多掌握一些知识与技术，为迎接新中国的建设作充足的准备。

在美国的三年时间里，童志鹏时时刻刻牵挂着大洋彼岸的祖国。他刚一入校，便加入了中国留学生和旅美学者的两大组织，其中一个便是"美中科协"，即日后著名的留美中国科学工作者协会（后简称"留美科协"）。童志鹏曾在留美科协的成立大会上感慨万分地说道："我们都是从战乱中走出来的，目睹了侵略者对我们的亲人、朋友所做的一切罪行。虽然我们没有拿起武器去复仇，但我们一定要用双手、用科学建设新的中国，再也不允许任何人侵略她，再也不允许任何人欺凌我们！"

1950年7月，童志鹏拿到了美国威斯康星大学电机工程博士学位。他婉拒了高薪的留美工作机会，毅然决定回国。为方便离境，童志鹏几乎将自己在美期间的全部家当留在了美国，只随身携带了电子信息技术领域的权威书籍和一些自己的学习笔记，在圣弗朗西斯科登上了驶往香港的邮轮——克利夫兰总统号。

"啊！朋友！我们来自祖国的不同角落，幸运把我们聚在同一地方，我们的记忆怀抱着同样长的岁月，我们的过去经历着同样宽的海洋……我们远望西坠的夕阳，心往另一个灿烂无比的太阳，正在东方升起！……听，听！几十颗共鸣的心，为同一希望而跳动！……"

童志鹏抑制不住自己满腔的热情和内心的激动，在船上写下了这样一首长诗——《勇敢地前进吧！》。

童志鹏　中国综合电子信息系统的带头人

"两弹一星"屡建功

　　1950年9月，作为电信技术专家，童志鹏前往天津电信局电工二局任工程师，正式踏上了参与创建中国电子工业的征程。

　　当时，战火燃烧到中朝边境，童志鹏临危受命，为抗美援朝前线研制军用无线电台。童志鹏深感责任重大，迅速投入一线研究。经过无数次的实验、试制，反复修改，童志鹏和其他科研人员克服了工厂设备简陋、关键元器件和原材料缺乏等困难，仅用不到一年的时间，便成功研制出中国第一台自主品牌军用步谈机。

　　抗美援朝战争结束后，童志鹏踏上了新的科研征程。1956年，童志鹏参与了《1956—1957年科学技术发展远景规划》的制定。他主持研制了我国第一代微波中继通信接力机和我国第一代机载火控雷达。

　　"困难肯定是有的，这是常事，没什么大不了的，找到问题解决就好，有的时候其实是现象复杂，但原因往往简单，不要放弃，再坚持一下。"童志鹏生前常把这句话挂在嘴边。

　　从1957年到1965年，童志鹏主持完成了新一代军用电台、航空专用电台、航空雷达、地面微波接力通信设备等众多电子设备与系统的设计、生产工作。他主持研制的中国第一代机载雷达等电子设备与系统，后来成为"两弹一星"电子系统的核心装备。

之江院士成长之路　明州俊杰

1972年，童志鹏被派往酒泉卫星发射中心，圆满完成了中央下达的有关电子测控系统的调试任务。1974年，作为卫星通信工程测控系统的总体任务负责人，童志鹏主持研制的测控系统达到国际同期先进水平，为"两弹一星"事业作出重要贡献。

他曾回忆说："（那段时间）工作起来感觉'很爽'。为了尽快完成国家交给的任务，我们几乎每天加班至晚上12点以后，周末也在加班，没有加班费，夜里就吃馒头加咸菜填肚子，但是大家也不觉得累，精神很愉快，干劲十足。"

1984年，为适应改革开放新形势，我国电子工业加速进行改革试验与探索，电子科学研究院（后简称"电科院"）应运而生，重点从事国家电子信息技术发展的战略研究和重点工程的总体研发。

为加快电科院的发展，发挥电科院在国家电子科研体系中的领导作用，1987年，童志鹏受命出任电科院院长。他提出："我们的科学研究应设法做一些别人没做过的、超前一步的工作，而不能总是跟在别人后面。"

凭借着超前的国际视野、丰富的工作实践经验，童志鹏领导开发了与国际开放系统互联标准一致的中国研究网，这是中国与国际联网最早、最成功的系统之一；他在国内率先使用"综合电子信息系统"一词，并不断推进该项目的预备研发、顶层设计以及各分系统立项，成为我国军事电子高新技术的开拓者和带头人之一，在推动我国军事电子信息系统和平流层通信系统等前沿领域的发展方面作出了开创性的贡献。

童志鹏　中国综合电子信息系统的带头人

"苍龙日暮还行雨，老树春深更成荫。"这是童志鹏在90岁寿辰时题写的诗句。先生远去，风范永存。童志鹏的一生，是艰苦奋斗的一生，是自强不息的一生，是无私奉献的一生，是科技兴军的一生，是创新报国的一生。

晚年童志鹏在书房

之江院士成长之路　明州俊杰

精神闪耀

作为我国综合电子信息系统的开拓者和奠基人，童志鹏在60多年的科研生涯中，见证了新中国电子信息事业发展的辉煌历程。这是一部从无到有、从弱到强的发展史，也是一部中华民族自强不息、矢志创新的奋斗史。童志鹏将科学家的严谨态度与工程师的创造精神相融合，用智慧和汗水为中国电子科技事业筑起了一座座丰碑，为国家的电子事业构筑了坚固的基石。

当年，在回国的邮轮上，童志鹏曾写下一首长诗，如今看来，这些句子正是他漫长而光荣的人生之路的真实写照：

> 多少祖国的弟兄们，
> 早已卷入这建设创造的热潮！
> 你们不再迟疑，
> 更不愿袖手旁观，
> 欣赏人家可歌可泣的事迹。
> 你们愿意舍弃个人舒适的日子，
> 再征服一次海洋和自己！

童志鹏　中国综合电子信息系统的带头人

院士小传

童志鹏（1924—2017），浙江宁波人，电子信息工程专家，中国工程院院士。

童志鹏1946年毕业于交通大学，1950年毕业于美国威斯康星大学，获博士学位。童志鹏曾主持多种通信电台、接力机和机载雷达的研制以及新一代卫星无线电测控系统、数据交换网等研究工作，其研究成果均处于国内领先地位。20世纪80年代，童志鹏领导开发与国际开放系统互联标准一致的中国研究网，该网是我国与国际联网最成功、最早的系统之一。

童志鹏曾获1997年国防科工委科技进步奖一等奖、2003年国防科技奖一等奖。作为我国综合性电子信息系统研制的带头人、国家级重点工程的开拓者之一，童志鹏为促进我国电子信息技术和产业的发展、稳定，以及培育科研队伍作出重要贡献。

■ 之江院士成长之路　明州俊杰

> 贺效实母校百年华诞
>
> 十秩荣庆
> 弦歌雅亮
> 桃李努华
> 实在金秋
>
> 童志鹏
> 二〇一二年九月

童志鹏为宁波效实中学百年华诞题词

童第周

"中国克隆之父"

周兮周兮，年逾古稀。残躯幸存，脑力尚济；能作科研，能挥文笔。虽少佳品，偶有奇意；虽非上驷，堪充下骥。愿效老牛，为国捐躯！

■ 之江院士成长之路　明州俊杰

1902年，童第周出生于浙江省宁波市鄞县东乡童家岙（今宁波市鄞州区塘溪镇童村）。童氏虽称不上名门望族，但有一条族规为族人所重视："田家有子皆习书，士儒无人不织麻。"童第周的名字就蕴含了家族的期待："希望他既好学，又平安，样样都周全。"

少年勤学："一定要争气"

童第周小时候和许多孩子一样，遇到不懂的事情就喜欢问，脑子里装满了"为什么"。一天，童第周在屋檐下玩"跳房子"游戏，突然，他发现屋檐下的石板上整整齐齐地排着一行拇指宽的小坑。他指着小坑，好奇地问父亲："这些小坑是谁凿的呢？凿这些小坑有什么用呢？"父亲笑着说："这些坑不是人凿的，是檐头水敲出来的！"童第周不相信："檐头水滴在身上一点儿也不疼，它还能在那么硬的石板上敲出坑来吗？"父亲点点头，说："一滴水当然敲不出来。但是檐头水不停地敲下去，一年、二年、十年、百年，别说这一个个小坑，它还能把石头敲穿个洞洞呢。这就叫'滴水石穿'！"

后来，父亲把"滴水石穿"四个字写下来，送给了童第周，并对他说："孩子，我把这幅字送给你，学习就要像檐头滴水一样，要有那么一股锲而不舍的韧劲，要有那么一股坚持不懈的毅力，你要把这四个字铭记在心，永志不忘啊！"童第周被父亲的话深深地感动了。

童第周 "中国克隆之父"

他把这幅字贴在自己书桌旁边的墙上。这是父亲对童第周的勉励，也成为童第周一生的座右铭。

因为家中清贫，童第周17岁才上中学，就读于鄞县私立效实中学（今宁波效实中学）。他文化基础差，学习很吃力，第一学期期末考试，他各科的平均成绩才45分，校长要他退学或降级。童第周再三请求，校长才勉强同意让他再跟班试读一个学期。

第二学期，童第周更加发奋学习。每天天不亮，他就悄悄起床，在校园路灯下读外语。夜里，同学们都睡了，他又到路灯下去学习。值班老师发现了他，关了路灯，叫他进屋睡觉。他趁老师不注意，又溜到厕所外边的路灯下去看书。经过半年的努力，他的功课终于赶上来了，各科成绩都不差，数学还考了100分。童第周看着成绩单，心想："我一定要争气。我并不比别人笨，别人能办到的事，我经过努力，一定也能办到。"

中学时代的童第周

通过努力，童第周以优异的成绩考入复旦大学。其间，他认识了带他深入生物科学领域的"伯乐"——我国著名生物学家蔡堡教授。

两人之间曾发生过一段有趣的交谈。童第周问蔡教授："大自然中，各类生物是怎样繁衍的呢？比如人是怎样进化的？蝙蝠又是怎样

189

之江院士成长之路　明州俊杰

繁衍的？"蔡教授回答："人是从小孩长大的，蝙蝠是从小蝙蝠成长起来的。"这个答案并没有让童第周满意。在追问之下，蔡教授又回答，不管是人还是蝙蝠，都是由胚胎发育而来的，如果要探索生物遗传的奥秘，就要学习和钻研胚胎学。

这是童第周第一次听到"胚胎学"这个名词。据说，正是这次交谈，让他找到了毕生追求的方向。

为了挺进科学深处，1930年，童第周带着四处筹来的微薄的盘缠，登上了开往比利时布鲁塞尔的客船。

这一年，布鲁塞尔自由大学的著名生物学家达克教授的实验室里来了一个30岁左右的中国留学生——童第周。或许是因为法语不好，又或许是因为身材瘦小，童第周不被人注意，总是一个人在角落里专注于他的工作。

在比利时求学的日子并非一帆风顺。童第周发现有的外国留学生对中国人抱着一种藐视的态度，认为"中国人是弱国的国民"。和他同住的一个洋人学生公开说："中国人太笨。"童第周在日记中写下了自己的誓言："中国人不是笨人，应该拿出东西来，为我们的民族争光！"

很快，机会就来了。研究胚

童第周在比利时的实验室

童第周 "中国克隆之父"

胎学,经常要做卵细胞膜的剥除手术,当时童第周的导师达克教授正在做青蛙卵子试验,需要把卵子外面的一层薄膜剥掉。蛙卵又滑又圆,捉都捉不住,一用力又破了,达克教授和助手们怎么也剥不掉那层膜。

后来,达克教授对童第周说:"你试一试。"童第周像高明的外科医生一样,用灵巧的双手干净利落地剥去了青蛙卵的卵膜。一个困扰实验室好几年的技术难题就这样被攻破了。这次成功的实验,让外国同学对他刮目相看,也让达克教授开始重视起这个中国年轻人。

童第周做了很多高难度的实验,写了许多优秀的论文,顺利获得了博士学位。达克教授曾劝说他:"你的国家这么困难,留在这里我可以给你申请特别博士。"童第周却说:"不,我要回去,我是中国人!"在童第周看来,"要搞工作,应该回祖国去搞,有成绩,为什么要给别的国家?"就这样,童第周放弃了布鲁塞尔优越的生活和科研条件,毅然回到了祖国。

归国治学:"愿效老牛,为国捐躯!"

1934年,童第周回到祖国,先后在多所学校任教,并用他的毕生所学,为我国实验胚胎学、海洋科学、生物科学的发展奠定了坚实的基础。

1937年,抗日战争全面爆发,逃难中,除了坚持给学生上课,童第周从未放弃胚胎学研究。1941年,为避战火,同济大学迁到了

之江院士成长之路　明州俊杰

四川宜宾的李庄，童第周夫妇随校迁移。两人为了买下一台二手的德式双筒显微镜，变卖家当、四处举债，才凑够6万元"巨款"。这笔钱，他们还了整整11年。

英国生物化学家李约瑟曾到李庄探访童第周的实验室，惊讶于那些国际期刊上的研究论文，竟出自一座没有电、四面透风的破庙，唯一称得上"现代实验器材"的，只有那台二手的双筒显微镜。

1950年，中国科学院决定由童第周、曾呈奎、张玺3人负责，开始筹建新中国第一个海洋科学研究机构——中国科学院水生生物研究所青岛海洋生物研究室（今中国科学院海洋研究所），标志着中国的现代海洋科学开始了全面性、系统化、规模化的发展。童第周任室主任。

童第周在实验室

1973年的一天，几尾小鱼让中国科学院动物研究所细胞研究室的研究人员激动不已。这几尾小鱼长着金鱼的身子、鲫鱼的尾巴，它们是童第周用克隆技术创造的新鱼种，比"多莉"羊还要早20多年。人们用"童鱼"来称呼这些小鱼，以纪念他开创了中国克隆技术之先河。

1979年3月6日，中共浙江省委召开全省科学大会，来参会的

童第周 "中国克隆之父"

人们都不会忘记这个日子。这天，著名生物学家童第周上台发表演讲，他说要用生物技术改善人类生活，他描绘的灿烂图景让每一个人心驰神往。突然，正在演讲的童第周一下晕倒在讲台上，他的心脏病发作了，人们慌忙把他扶下去，这也成为他人生中的最后一场报告。

缓缓走下讲台的童第周疲惫不堪，最终他还是拒绝了人们让他住院治疗的挽留，迅速赶回北京。他说："已经到了春暖花开、鱼产卵的季节，我要回去安排工作。"谁也没有想到，回到北京的童第周病情迅速恶化，被紧急送往医院，20多天后便去世了。

童第周为了祖国科学事业的振兴，生命不止、奋斗不息，正如1974年他发表在《诗刊》上的一首小诗所云：

周兮周兮，年逾古稀。
残躯幸存，脑力尚济；
能作科研，能挥文笔。
虽少佳品，偶有奇意；
虽非上驷，堪充下骥。
愿效老牛，为国捐躯！

之江院士成长之路　明州俊杰

精神闪耀

在宁波效实中学校史馆展出的一份老报纸上，刊印着一篇短文，里面写道："有两件事使我最兴奋：一件是我在上中学时第一次得到100分。那件事使人知道，我并不比别人笨。别人能办到的事，我经过努力也能办到。另一件事，就是我在比利时第一次单独完成青蛙卵膜剥除术。那件事使我相信，中国人不比外国人笨。外国人认为很难办到的事，我们照样能办到。"这为后人留下了一个科学家的本色。

在祖国最需要科学力量的时刻毅然回国，用实际行动诠释了作为一名科学家坚守信念、追求真理、爱国报国的崇高精神，童第周践行了"有生之年，为国家、为人民多做工作"的誓言。

"思想要奔放，工作要严密。"这是1979年3月10日童第周在临终前20天接受《中国青年报》记者采访时，留给中国青年的最后一句话。实际上，这就是童第周的治学之道。

童第周被誉为"中国克隆之父"，他将毕生精力献给了生命科学事业，是中国生物学的重要奠基人之一。童第周一贯热爱教育事业，曾在多所大学任教，他将科研与教育紧密结合，以非凡的努力为国家培养了一批优秀的科研人才。他的教育理念、教学风格以及对学生的悉心培养都成为中国教育的典范。

童第周 "中国克隆之父"

院士小传

童第周（1902—1979），浙江宁波人，生物学家，中国科学院学部委员（院士）。

1927年，童第周毕业于复旦大学生物系，后获得比利时布鲁塞尔自由大学博士学位；1934年起，先后在山东大学、中央大学、同济大学和复旦大学等高校任教；1938—1941年，任重庆中央大学医学院教授；1948年，被选聘为"中央研究院"院士。1955年，童第周被选聘为中国科学院学部委员（院士）；1977年任中国科学院副院长。

童第周在实验胚胎学、细胞生物学、发育生物学及海洋生物学等领域卓有建树，是中国科学院海洋研究所的主要创建者之一。童第周开创了我国克隆技术之先河，被誉为"中国克隆之父"。

之江院士成长之路　明州俊杰

宁波效实中学内的童第周塑像

鲍文奎

中国植物多倍体遗传育种的创始人

> 祖国是一个人的根,中国的老百姓太不容易了,我们要为他们能吃饱肚子做些事。

■ 之江院士成长之路　明州俊杰

中华人民共和国成立之初,海外赤子踏上艰险归国路,鲍文奎也是其中一员。

鲍文奎毕业于世界知名学府——加州理工学院,攻读的是生物学热门专业——化学遗传学。在美期间,他与人合作发表的论文多达15篇,可谓前途一片光明。但对于鲍文奎来说,他心中早已对人生道路有了规划。

"威尔逊总统号"上的爱国科学家

鲍文奎自幼勤奋好学。1931年,鲍文奎进入鄞县私立效实中学(今宁波效实中学)高中部学习。善于思考的他在课堂上听到法国生物学家拉马克"用进废退"的理论,就与同学展开讨论,并对生物学产生了浓厚的兴趣。尽管家人不完全理解,毕业后可能也难有轻松的工作,他还是毅然选择了农学作为自己一生的事业。从重庆中央大学农学院毕业后,他到四川省农业改进所(今四川省农业科学院)从事小麦育种、栽培和细胞遗传学的研究。1947年,赴美深造期间,鲍文奎的研究兴趣也一直在植物育种的应用方面,他打算以遗传学作为改变祖国农业落后面貌的利器。古老而年轻的祖国,比异乡的阳光更让爱国人士感到由内而外的温暖。1950年,鲍文奎预订了回国的船票,并自费购买了一些开展植物多倍体育种研究必需的器材和药品,

鲍文奎　中国植物多倍体遗传育种的创始人

如紫外线灯管、X射线管、秋水仙素等。

1950年8月28日，美国当局对中国留学生的"禁止离境"法令尚未发出，百余位中国学者乘坐"威尔逊总统号"邮轮从旧金山起航。这是"威尔逊总统号"的第17次航行，也是20世纪50年代初留学生回国大潮中同船回国人数最多、国际影响最大、后来走出院士最多的一次航行。鲍文奎乘坐的就是这趟传奇航船。

1950年9月19日，这艘远洋客轮划开万顷波涛，终于载着归国心切的学子们抵达祖国。鲍文奎谢绝了中国科学院上海植物生理研究所的热情邀约，回到了他3年前离开的地方——四川省农业改进所。

敢于独立思考不赶浪头

1951年开始，鲍文奎带领他的团队以稻麦为材料，以小黑麦为重点，全面铺开了多倍体育种工作。从实验室到田地头，再从田地到实验室，鲍文奎和他的队员就像蜜蜂一样紧张劳作，他们的科学家精神在夜以继日的忙碌工作中熠熠生辉。

除工作本身的难度之外，教条主义问题也给鲍

鲍文奎（左二）进行小黑麦研究

之江院士成长之路　明州俊杰

文奎的工作带来了更大的挑战。中华人民共和国成立初期，中国学术界在生物学方面独尊李森科主义，对鲍文奎师承的孟德尔-摩尔根学派的批评甚嚣尘上。与李森科主义强调外部环境因素的决定作用不同，孟德尔—摩尔根学派更强调内部因素的决定作用。鲍文奎的研究课题被强行中止了，但他坚持真理的信念并没有改变。

1955年，鲍文奎奋笔疾书，向中国科学院和农业部反映了多倍体育种的情况。1956年6月，中国科学院刊物《科学通报》发表社论，评述鲍文奎的研究课题被中止这一典型事件，论证在科学事业中贯彻"百家争鸣"方针的重要性和迫切性。同年8月25日，《人民日报》发表鲍文奎的署名文章《我们研究多倍体前后》，表明党报对科学家的支持。科学出版社也出版了鲍文奎、严育瑞合著的《禾谷类作物的同源多倍体和双二倍体》一书。

成熟期的小黑麦

20世纪70年代，鲍文奎团队培育的小黑麦种子作为高产稳产的作物良种，播撒到了红军当年走过的长征路上。小黑麦的到来使这些高寒贫瘠地区朝着粮食自给的方向迈进了一大步。

1975年7月25日，新华社以《奋勇攀高峰——记我国农业科学工作者培育成功异源八倍体小黑麦的事迹》为题，报道了鲍文奎和他的同事们培育小黑麦的事迹。

1977年，国际玉米小麦改良中心考察组

来华访问，指出欧洲和北美洲用胚培养出的小黑麦原种数量还不及中国不用胚培养出的十分之一，称赞中国的小麦育种工作取得了巨大的成功。

1978年，这种高产小黑麦在全国的种植面积达40万亩。鲍文奎于同年获得全国科学大会奖，1979年被评为"全国劳动模范"，1981年当选为中国科学院学部委员（院士）。

敢于批判，鼓励后辈大胆探索

在"杂交水稻之父"袁隆平坚定研究方向、克服研究难题的过程中，鲍文奎的指导发挥了重要作用。

1961年到1962年，袁隆平通过跟踪观察天然杂交稻及其第二代的"分离现象"，验证了孟德尔-摩尔根遗传学的正确性。兴奋之余，袁隆平迫切需要进一步找到杂种优势利用的理论依据，他想到了遗传育种学家鲍文奎。

此时鲍文奎已被调到北京，任中国农业科学院作物育种栽培研究所研究员和北京农业大学（今中国农业大学）农学系兼职教授。袁隆平利用暑假时间自费进京，以学生之名见到了在农业科学领域大名鼎鼎的鲍文奎。当袁隆平提起对于李森科主义的疑惑时，鲍文奎直截了当地批判了李森科主义错误的学术观点，解开了袁隆平思想上的种种疑虑。他还勉励袁隆平大胆探索，用实事求是的态度做学问。

1993年当选为中国科学院学部委员（院士）的卢永根撰写文章

■ 之江院士成长之路　明州俊杰

1990年，鲍文奎在田间观察小麦生长情况

回忆说："当时正大力倡导学习苏联，学习米丘林遗传学，批判（孟德尔-）摩尔根遗传学。此时北大有两位全国知名的教授'屡批不改'地支持（孟德尔-）摩尔根遗传学观点，一位是杂交玉米专家李竞雄，另一位是植物多倍体专家鲍文奎。鲍文奎先生提出的遗传实验观点对我产生了深远的影响。"

卢永根曾以鲍文奎的观点来考察当时《苏联农业科学》上刊登的许多文章，发现文章中提到的很多实验个体少、实验材料不可靠、对照不严密，这是不科学、不能令人信服的。后来，经历了很多波折后，卢永根还是坚持自己的观点："历史是客观的，最后，实践证明了李（竞雄）、鲍（文奎）两位教授是正确的。这使我认识到一个科学工作者应该诚实、正直，坚持实事求是，敢于独立思考，不赶浪头。"

鲍文奎　中国植物多倍体遗传育种的创始人

> **精神闪耀**

鲍文奎是中国植物多倍体遗传育种的创始人。他将毕生精力贡献给了我国植物多倍体遗传和育种研究，数十年如一日地潜心钻研同源四倍体水稻和异源八倍体小黑麦的相关工作，采用染色体加倍技术培育新作物、改良现有作物的特征，在世界上首次将异源八倍体小黑麦运用于生产，为植物多倍体遗传育种工作解决了结实率低、饱满度低等多个世界难题。

人们都熟悉"乌蒙磅礴走泥丸""六盘山上高峰"的诗句，但不一定了解那里人民的生活状况。小黑麦种子沿着红军当年走过的长征路，播撒在乌蒙山、凉山、岷山、六盘山等山区农村，也播撒在伏牛山、大巴山、阴山以及江西等南方红壤区，这些地方有的曾是共产党领导革命人民长期坚持武装斗争的红色根据地，有的则世世代代居住着许多勤劳勇敢的兄弟民族。鲍文奎使小黑麦作为"高产""稳产"的作物良种扎根在那些高寒和贫瘠的土地上，使那些地方朝着粮食自给的方向迈进一步，使那里的人民能多吃些细粮，这就实实在在地为人民办了一件好事。

"鲍文奎正直、爱国、勤奋好学并善于思考的为人品格，不畏艰险、百折不挠、坚韧不拔地探索科学真理的职业精神，将永远鼓舞、激励后人。"这是中国农业科学院对鲍文奎的评价。这位朴实而坚毅的育种科学家，将会永远被铭记。

■ 之江院士成长之路　明州俊杰

院士小传

鲍文奎（1916—1995），浙江宁波人，作物遗传育种学家，中国科学院学部委员（院士）。

鲍文奎1939年毕业于重庆中央大学农学院；1950年获美国加州理工学院博士学位，同年返回四川省农业改进所工作；后任中国农业科学院作物育种栽培研究所研究员、副所长，兼任北京农业大学农学系教授。

鲍文奎在世界上首次将异源八倍体小黑麦运用于生产，育成的"小黑麦2号""小黑麦3号"以及中矮秆的八倍体小黑麦品种"劲松5号"和"黔中1号"在贵州高寒山区和丘陵地区推广种植。1979年，鲍文奎被评为"全国劳动模范"。1980年，鲍文奎当选为中国科学院学部委员（院士）。

戴传曾

中国核电安全体系研究的开拓者

> 我觉得自己通过辛勤劳动和艰苦努力，用科学服务于祖国、人民和人类是很有意义的。为国家多作贡献，是我的愿望。

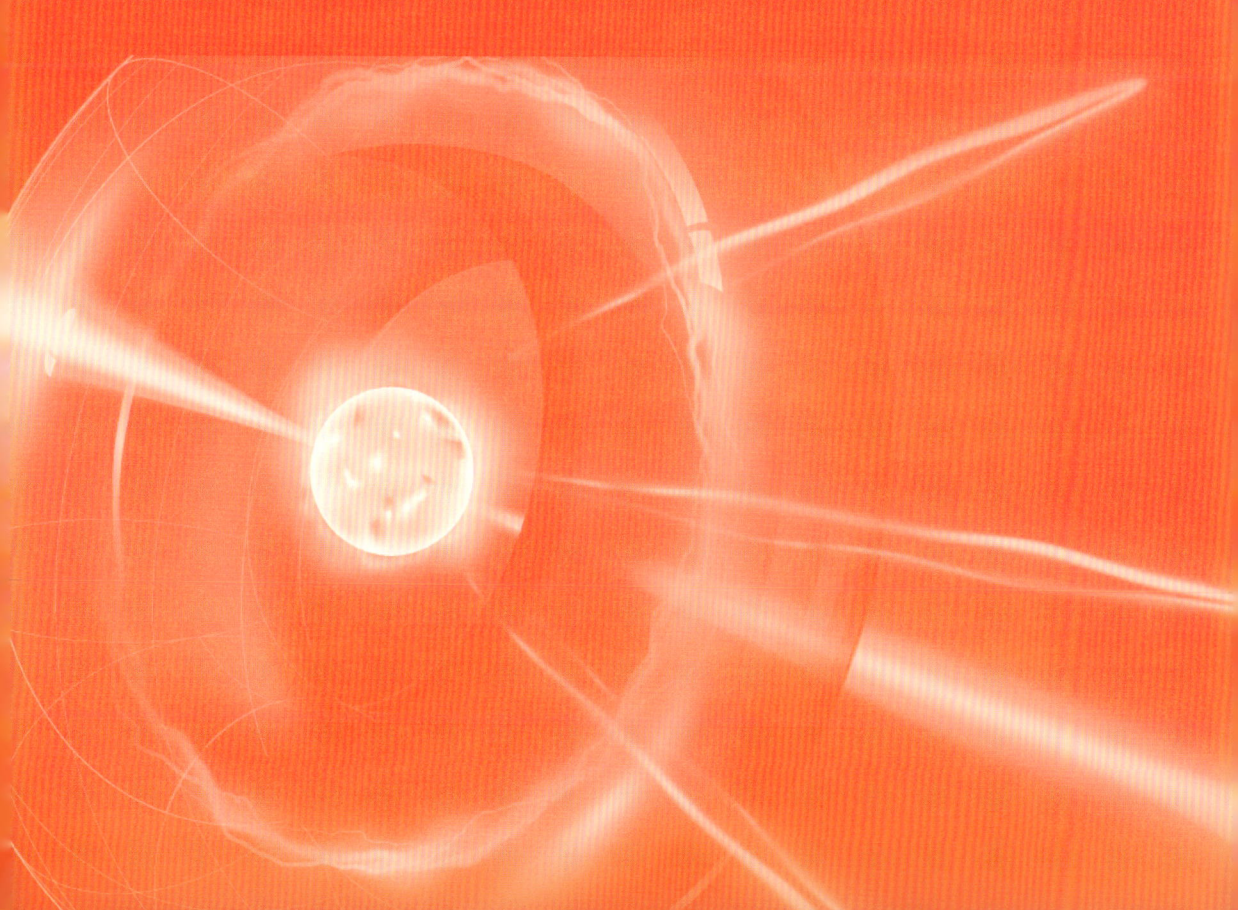

■ 之江院士成长之路　明州俊杰

1946年，中英"庚子赔款"公费留学在全国8个城市招考，大约有400人报考物理专业。按照成绩，考取第一、二名者去英国留学，第三、四名去美国，第五、六名去法国。戴传曾以第一名的成绩获得了留英的机会。

年少立志救国

1921年12月21日，冬至的前一天，宁波月湖畔的紫薇街上，戴家迎来了第八个孩子。

戴传曾的祖父戴季石是清末的举人，父亲戴轩臣曾在师范学堂（今杭州师范大学）求学，毕业后回到宁波做中学教师，教数理化。戴家的住宅被称作"访庐"，家庭学习氛围浓厚。戴传曾家里的八个兄弟姐妹，七个是大学毕业生，一个是高中毕业生，这在当时非常了不起。

戴传曾从小喜欢独立学习，每逢周六下午的"儿童集会"，家族所有孩童都会到"老屋"（戴传曾父亲居住处）参加集体学习，他却经常在书房中独自钻研课本，从小就养成了良好的独立思考问题的习惯。1932年，戴传曾进入鄞县私立效实中学（今宁波效实中学）。在这所全省闻名的中学里，戴传曾表现出对物理的极大兴趣，在课堂上学习了收音机的运作原理后，他和同学一起制作了矿石收音机、真空

戴传曾　中国核电安全体系研究的开拓者

管收音机。那时的中国正遭受日本侵略，课余，戴传曾积极参加爱国运动，立下了"救国不忘读书，读书为了救国"的人生志向。

1938年，戴传曾收到了来自西南联合大学物理系的录取通知书。在云南，等待他的是百废待兴却又名师云集的大学校园。

西南联合大学当时刚刚迁到昆明，学校条件很差，40多个学生挤在一间茅草房里。晚上没有电灯，大家三五成群地聚集在一盏盏油灯前学习。食堂和图书馆设在大草棚里。日军的飞机频繁轰炸，大家不得不做好随时往山区跑的准备。白天一旦有轰炸，课就临时改到晚间上。

戴传曾师从吴有训、赵忠尧、霍秉权、饶毓泰、叶企孙等老一辈物理学家，杨振宁是他的同班同学。

因为交通断绝，戴传曾和家里失去联系，没有了经济来源，只能靠领战区贷金和奖学金生活，有时还得到中学做代课教师和家庭教师来养活自己。1942年，在物理学家吴大猷的指导下，戴传曾完成了关于用分析力学解决天体中行星运动问题的毕业论文。

戴传曾曾说："四年的大学生活，正值日本侵略我国的时期，艰苦而又难忘。在大学期间，我更觉得'知识就是力量'是千真万确的，更进一步认识了'科学救国'的道理。"

1946年，戴传曾在中英"庚子赔款"公费留学招生考试中获得物理专业第一名。1947年8月，戴传曾前往英国利物浦大学留学。

到了英国后，戴传曾师从中子的发现者、诺贝尔奖获得者查德威克教授。戴传曾利用回旋加速器进行了多种反应角分布的研究，这是

■ 之江院士成长之路　明州俊杰

1951年，戴传曾获英国利物浦大学博士学位

国际上研究削裂反应获得的首批成果之一。1951年，戴传曾完成了题为《利用核乳胶进行的一些核反应的研究》的博士论文，获得了博士学位。

在英国，戴传曾面对的是优良的实验设施和与科学界精英合作工作的优越条件，展示在他面前的是一条铺满鲜花和荣誉的道路。然而，"读书为了救国"的志向时常在他的胸中回荡。1951年底，戴传曾谢绝了英国许多研究机构的挽留，登上了归国的邮轮。

白手起家挑"大梁"

戴传曾抵达北京火车站时是一个寒冷的冬天，中国科学院近代物理研究所（今中国原子能科学研究院）所长钱三强亲自到火车站迎接他，戴传曾非常感动。从此掀开了戴传曾在国内从事原子能科研工作的第一页。

到北京后，戴传曾进入中国科学院近代物理研究所工作。研究所建立之初，云集了全国顶尖的核能专家，除戴传曾外，还有吴有训、钱三强、王淦昌、何泽慧等核领域的权威专家，"两弹一星"功臣如

208

戴传曾　　中国核电安全体系研究的开拓者

邓稼先、彭桓武以及赵忠尧、张文裕等也在此工作过。

回国初期，实验室条件很差，一切都要白手起家。戴传曾主持气体探测器组的工作，和同事从吹玻璃、设计电路开始，几天工夫就从北京协和医院废弃的镭源中提取了氡气，制成了强度很高但衰减很快的氡-铍中子源。中子物理实验就这样"开张了"。

之后，他们首次在我国研制出卤素盖革计数管生产工艺，填补了国内空白；研制出性能良好的三氟化硼中子计数管，其工艺技术一直沿用至今，为我国第一颗原子弹的爆炸试验提供了测试设备；改旧利废，研制出我国第一台中子衍射谱仪——"跃进一号中子晶体谱仪"，并以此很好地开展了核数据测量，提供了高质量的数据结果。

戴传曾回忆道："这些都是我们不怕艰苦和困难开创的，当时条件虽然艰苦，但目标明确，大家齐心协力，克服困难，在祖国的原子能事业中做出了一定的成绩。"

戴传曾一直致力于实验核物理、反应堆物理、反应堆工程和核电安全方面的分析研究。他参加了中国第一个大型辐照后材料检验热室的施工设计，组织领导、指导了大型电磁分离器

工作中的戴传曾（前排右一）

之江院士成长之路　明州俊杰

等多种仪器的研制和核潜艇动力堆等多项重点项目的研究，开发了单晶硅中子嬗变掺杂技术，在新中国的核电领域创造了"五个第一"。

科学的春天到来，国家经济也进入迅猛发展期。戴传曾认为，核科学技术，尤其是核能、核技术应该到国民经济建设的主战场去，为发展经济作贡献，为和平利用原子能作贡献。

1978年后，回到研究所的戴传曾开始培养人才、出国访问学习、开展核能安全研究，致力于推动核能的民用工作，诸如研制中国第一批利用中子嬗变掺磷的单晶硅、微型中子源反应堆等，取得了良好的经济效益。

1985年，戴传曾还被邀请担任国际原子能机构、国际核安全咨询组首任成员，致力于和平利用原子能。

1990年11月18日，带着对核电事业、核科学事业的执着追求和深深眷恋，戴传曾与世长辞，享年69岁。

戴传曾　中国核电安全体系研究的开拓者

精神闪耀

作为西南联合大学的第一批学生，戴传曾经历了国力衰弱、强敌入侵、民族存亡的危机，因此，他虽身住茅草屋，但心怀科技救国的强烈愿望。

20世纪50年代，面对严峻的国际形势，我国果断决定研制核弹、导弹和人造卫星工程。"两弹一星"对中国的安全和发展具有重大战略意义。在为"两弹一星"事业奋斗的过程中，中国科学家们形成了"热爱祖国、无私奉献，自力更生、艰苦奋斗，大力协同、勇于登攀"的"两弹一星"精神。

戴传曾终生奋斗在实验核物理、反应堆物理、反应堆工程和核电安全方面的科研一线，践行着"两弹一星"精神。

"戴先生有着高度的爱国主义精神，只要国家有需要，他就会立即接受任务，而且积极主动地做好工作。"戴传曾的学生、中国科学院院士张焕乔说。"两弹一星"元勋王淦昌曾这样评价戴传曾："为我国核事业发展无私奉献的精神和严谨求实的治学态度永远铭记在核科技战线的广大工作人员心中。"在王淦昌心中，这也是值得后人传承和学习的精神风骨。

历史川流不息，精神代代相传。进入新时代，航空母舰、神舟飞船、深潜……"两弹一星"精神正在更多领域得到诠释与弘扬。

■ 之江院士成长之路　明州俊杰

院士小传

戴传曾（1921—1990），浙江宁波人，核物理学家，中国科学院学部委员（院士）。

戴传曾1942年毕业于西南联合大学，1951年获英国利物浦大学博士学位，1980年当选为中国科学院学部委员（院士），1990年11月18日逝世。戴传曾曾任中国原子能科学研究院研究员、院长、名誉院长。

戴传曾主要从事实验核物理、反应堆物理、反应堆工程和核电安全方面的分析研究并获重要成就，是国际上首批从（d，n）反应中测得自旋和宇称（粒子物理学中描述微观粒子性质的两个重要量子数）的学者之一，为建立中国核电安全研究体系作出突出贡献。1984年，戴传曾获国家科学技术进步奖一等奖。

后　记

　　之江院士，国之脊梁，之江楷模。钟灵毓秀的浙江大地，学者志士辈出，院士众多。记录这批院士，挖掘院士成长故事，将科学家精神变为一个个故事传承下去，是我们的责任和使命，遂有《之江院士成长之路》这套丛书。丛书从七年前开始策划，广泛收集了百余位院士资料，最终结集为《之江院士成长之路　贡院启航》《之江院士成长之路　求是菁华》《之江院士成长之路　明州俊杰》《之江院士成长之路　钱江潮涌》四本，记录着一个个之江院士成长与奋斗的故事。

　　《之江院士成长之路　明州俊杰》聚焦于浙江宁波籍的二十余位院士。他们启蒙于明州大地，受教于浙东学派的务实学风，以卓越的智慧与坚韧的品格，严谨治学，求真创新，迈向世界科学殿堂，在各自领域铸就辉煌。本书通过梳理院士们的学术生涯、教育轨迹与科研突破，再现了他们从青衿学子到国之栋梁的蜕变历程。书中既有历史档案的印记，也有院士手稿、亲笔寄语和珍贵留影。这些图文交织的篇章，勾勒出一代学人坚守真理、勇攀高峰的精神图谱。

　　本书不仅是院士成长的缩影，更是一部传承"经世致用"精神的启示录。科学之路无坦途，唯以笃行致远方。愿这些故事能点燃青少年心中的科学火种，激励他们以院士为楷模，在追寻真理的道路上笃行不息。

在本书编撰过程中，团队始终恪守真实、客观、生动的原则，于浩繁史料中抽丝剥茧，在严谨考证中还原历史。我们力求以平实而深情的笔触，展现院士们如何将个人理想熔铸于国家需求。本书的完成，离不开众多专家、学者和单位、机构的鼎力支持：丛书主编徐善衍先生与执行主编司马一民先生，他们以渊博学识与独到眼光，为全书脉络与细节把关，赋予文字以思想的深度；陈纯院士、陈剑平院士、陈联寿院士、贺贤土院士、胡思得院士、周光耀院士等专家，他们在百忙之中拨冗审阅书稿，提出了宝贵的修改意见；浙江省科协、宁波市科协、宁波效实中学等单位为本书的编写提供了重要支持与协助。在此，一并致以衷心感谢！

最后，要特别感谢丛书总策划、浙江教育出版社集团总编辑蒋婷女士，从策划到出版，她全程倾注心力，为本书的品质保驾护航，让这部记录之江院士成长之路的作品圆满问世。愿此书化作一盏灯，照亮后来者的科学征途，亦让之江院士的精神薪火永传。

本书中史料庞杂，虽经反复校核，疏漏之处难免，恳请读者不吝指正，以待再版修订。书中图片由院士本人、宁波市科协、宁波市效实中学、中国工程院网站和中国科学院院士文库网站等提供，但部分图片因各种原因未能与著作权人取得联系，请尽快与我们联系，以便妥善处理相关事宜。

编　者

2025 年 5 月

宁波效实中学院士墙

图书在版编目（CIP）数据

明州俊杰 / 司马一民执行主编 ； 郑莉娜编著. -- 杭州 ： 浙江教育出版社, 2025.5. --（之江院士成长之路 / 徐善衍主编）. -- ISBN 978-7-5722-9837-0

Ⅰ．I25

中国国家版本馆CIP数据核字第2025PN9058号

之江院士成长之路　明州俊杰
ZHIJIANG YUANSHI CHENGZHANG ZHI LU　MINGZHOU JUNJIE

丛书主编　徐善衍
执行主编　司马一民　　编　著　郑莉娜

总 策 划	蒋　婷
责任编辑	童炜炜
文字编辑	周　彤
美术编辑	曾国兴
封面设计	数传(上海)企业发展有限公司
责任校对	朱雅婷
责任印务	刘　建
出版发行	浙江教育出版社
	（杭州市环城北路177号　电话:0571-88902128）
图文制作	杭州兴邦电子印务有限公司
印刷装订	浙江新华印刷技术有限公司
开　　本	787mm×1092mm　1/16
印　　张	14.25
字　　数	280千字
版　　次	2025年5月第1版
印　　次	2025年5月第1次印刷
标准书号	ISBN 978-7-5722-9837-0
定　　价	98.00元

版权所有　侵权必究

贝时璋

生物学家，中国科学院学部委员（院士）

一个真正的科学家，首先要热爱科学，不是为名为利，而是求知求真，为国家作贡献。

年轻人是国家的未来，是科学的希望，是社会的动力，要尊重他们，信任他们，支持他们。

吃自己的饭流自己的汗，自己的事情自己干，不给别人添麻烦。

毛用泽

核技术应用专家，中国工程院院士

看准了符合潮流的技术路线方向，就要早起步，持之以恒，不断攀登高峰，就有可能达到目的，不落人后，进入国际先进行列。

当前，世界并不安宁，核力量的战略地位并没有变，且仍然是一些军事大国军备竞争的主要方面，只不过已从发展数量转向提高质量。

石钟慈

计算数学家，中国科学院学部委员（院士）

国家的需要，就是我的研究方向。

国家强大，则科技绝不能落后，个人的未来应该与国家命运紧密相连。

数学家不应只懂数学，广博的知识是十分有益和必要的。

朱祖祥

土壤学家、农业教育家，中国科学院学部委员（院士）

为人师表，求真求善求美，贵在奉献；教书育人，是德是智是体，严于律己。

我们应当在全面总结历史经验的基础上，努力学习世界土壤科学的先进理论和技术，从我国的实际情况出发，开展科学研究，为实现我国农业现代化作出应有的贡献。

任美锷

自然地理学与海岸科学家，中国科学院学部委员（院士）

天下无难事，只怕有心人。只要我们勤于学习，并且善于学习，很多事都可以从不懂到懂，并且还有所创见。

科学研究的道路是漫长而艰辛的，需要坚持不懈地努力和严谨的态度。

我虽然已经退居二线，但在科学研究和支援国家建设方面，我要永远站在第一线。

纪育沣

有机化学家，中国科学院学部委员（院士）

同心同德聚中央，协作交流团结长。各派争名创四化，集中统一永光芒。名人著作启先进，知识增多冀发扬。癌症是生命大敌，决心研究国增光。

李庆逵

土壤学家，中国科学院学部委员（院士）

如果还有一次生命，我仍然愿意从事科学研究，科学的世界太美了。

科学在不断发展，而科学的发展，关键是人才的培养，后人总是而且应该超越前人。

李志坚

微电子学专家，中国科学院学部委员（院士）

年轻人在选择志愿时，不应当只从个人兴趣出发，更多的时候要和国家发展结合起来，无论多么平凡的岗位，都要学会快速适应，坚忍不拔，这样才能为人民做出有益的事来。

个人的渺小和宏大，看似矛盾却又协调，这两者结合在一起"永远成为奔腾向前的历史长河中的一朵浪花"。

沈自尹

复旦大学附属华山医院教授，中国科学院学部委员（院士）

  我走上中西医结合之路最初并非自觉，但一旦自觉了，就抓住不放，进行长期的积累，这大概是因为我处事有一定的毅力，坚持就来自毅力。

  做基础理论研究，要勤勤恳恳、甘于寂寞，很枯燥时还是必须要坚持，坚持了才会有成果。

陈　纯

计算机应用专家，中国工程院院士

  励志、创新、求是，一个都不能少。

  走进农田，就好好当农民，挑担比不过别人，可以练插秧，总会有自己擅长的项目。

  最好的研究动力就是找到感兴趣的方向，兴趣所带来的持续动力能够抵御不确定性带来的挫败。

  珍惜时间、努力学习，要注重结合个人兴趣爱好，科研工作要"顶天立地"，理论与实际应用应当紧密结合。

陈中伟

骨科、显微外科专家，中国科学院学部委员（院士）

不要怕，只要好好地把我们的经验写出来就行。记住，我们怎么说，世界就认为应该这么说，因为我们走在世界的最前面！

我的病人、我的事业在中国。为何要出国？

要做一名好医生，就要勇于挑战自己！有时就要敢于挑战更高难度的手术。

陈剑平

植物病理学专家，中国工程院院士

我们每个人都应当具备一些科学素养。科学素养，能让你在得意时、在无奈中、在顺境下、在逆境里，心里都能有点定力，它能容得下你，让你在外界无论怎样嘈杂、躁动的情况下，仍然能有一个安静、冷静、不用取悦任何人的安身之处。

这做人的能力，简而言之，就是能学、能思、能做。

陈联寿

气象科学专家、中国工程院院士

20年来，气象服务理念最大的变化是——气象服务更加精细化、人性化和具体化，预报更新频次也很快，这些都更加贴近人们的生活，更体现出"以人为本"的理念。

人类虽然很渺小，但人类智慧无穷无尽，在和自然灾害的较量中，一定会战胜自然灾害。

陈敬熊

电磁场理论和天线设计专家，中国工程院院士

未来的发展靠年轻人，不妨做个伯乐，为年轻人创造条件。

我们在做研究的时候，不仅要有刻苦钻研的精神，而且还要将眼光看得远一点，打好基础反而可以事半功倍，这一点很关键。

科学有险阻，苦战能过关。

陈肇元

土木结构工程和防护工程专家，中国工程院院士

我在科研中取得了些微成绩，最主要的一个原因，大概在于工作中愿意尽量多花力气，能够紧跟工程建设的发展需求并预计到需求的所在。

从事工程技术而非单纯从事理论探索的人，更要紧跟时代的需求。

周光耀

无机化工专家，中国工程院院士

我给自己定下的人生准则是四个字：攀登、求实。"攀登"就是人的一生应是不断攀登的过程，登上一个高度后又要继续攀登下一个高度；"求实"就是老老实实做人，踏踏实实做事，不搞形式，不图虚名。对的要坚持，错的要承认并纠正。科学的东西来不得半点虚假，一切错误和虚假的东西迟早会在实践中遭到唾弃。

世界是美丽的，生活是多彩的，周围的人也是各有特点、各有长处的。大家合作共事，要充分发挥每个人的长处和聪明才智，这是事业成功不可缺少的条件，也是创新之花永不枯萎的源泉。

胡思得

核武器工程学家，中国工程院院士

  我只是大海中的一颗小水滴而已。借助集体的力量，我们可以波涛滚滚；如果离开了集体，很快就蒸发掉了。

  "两弹一星"精神、核心价值观，只有具备对我们国家核武器事业的崇高使命感和高度责任心，才能形成。对我们年轻人来讲，这是非常宝贵的精神财富。

  大力发扬"两弹一星"精神，继承老一辈科学家爱国、敬业、求实、创新的光荣传统，为党和人民事业拼搏奉献，在新时代新征程上留下无悔的奋斗足迹！

贺贤士

理论物理学家，中国科学院院士

  科学家务必要热爱自己的祖国，这是始终排在第一位的。

  中国要成为科技强国，不能总是亦步亦趋跟在别人屁股后面，一定要做有独创性甚至颠覆性的科学研究。

  在实践中成长和感悟，善于分析复杂的事物，抓住问题的本质，是科学研究最基本的方法论。

徐祖耀

材料科学家，中国科学院院士

做学问，一要有兴趣，二要耐得住清苦。

个人的能力总是有限的，只有培养出大批科技人才，国家才能兴旺发达。

世界上天才是少数，有成就者大多工作勤奋。做学问要甘于清贫，安于寂寞。

科研的成功不会轻易到来，需要艰苦的努力和坚持不懈的实践。关键是要有信心和决心来完成任务。

翁文波

地球物理学家、石油地质学家，中国科学院学部委员（院士）

我认为一个人应该为人民利益坚持工作一辈子。

科学家对于科学应该坚持两点，一个是"异议"，一个是"热爱"，尤其是"热爱"，甚至比聪明才智更重要。

筑基需扎实，成长贵坚持，成就看长远。

童志鹏

电子信息工程专家，中国工程院院士

困难肯定是有的，这是常事，没什么大不了的，找到问题解决就好，有的时候其实是现象复杂，但原因往往简单，不要放弃，再坚持一下。

为了尽快完成国家交给的任务，我们几乎每天加班至晚上12点以后，周末也在加班，没有加班费，夜里就吃馒头加咸菜填肚子，但是大家也不觉得累，精神很愉快，干劲十足。

童第周

生物学家，中国科学院学部委员（院士）

中国人不是笨人，应该拿出东西来，为我们的民族争光！

周兮周兮，年逾古稀。残躯幸存，脑力尚济；能作科研，能挥文笔。虽少佳品，偶有奇意；虽非上驷，堪充下骥。愿效老牛，为国捐躯！

思想要奔放，工作要严密。

科学世界是无穷的领域，人们应当勇敢去探索。

鲍文奎

作物遗传育种学家，中国科学院学部委员（院士）

祖国是一个人的根，中国的老百姓太不容易了，我们要为他们能吃饱肚子做些事。

我们这一代干不成，下一代接着干下去，一定会成功的。

攀登科学高峰，要敢于知难而进，持之以恒。只有这样，才能有所创新，有所前进。

实事求是才是做学问的态度。

戴传曾

核物理学家，中国科学院学部委员（院士）

这些都是我们不怕艰苦和困难开创的，当时条件虽然艰苦，但目标明确，大家齐心协力，克服困难，在祖国的原子能事业中做出了一定的成绩。

我总认为工作就怕不去做，只要用心去做，就没有不成功的。觉得自己通过辛勤劳动和艰苦努力，用科学服务于祖国、人民和人类是很有意义的。